Gerhard Rau

Antikunst und Urheberrecht

Schriftenreihe der UFITA Heft 58

Archiv für Urheber-, Film-, Funk- und Theaterrecht
Herausgegeben von Dr. jur. Georg Roeber, München

Antikunst und Urheberrecht

Überlegungen zum urheberrechtlichen Werkbegriff

Von

Dr. jur. Gerhard Rau

Hamburg

1978

J. Schweitzer Verlag · Berlin

CIP-Kurztitelaufnahme der Deutschen Bibliothek

Rau, Gerhard

Antikunst und Urheberrecht : Überlegungen zum urheberrechtl. Werkbegriff. – 1. Aufl. – Berlin : Schweitzer, 1978.
(Schriftenreihe der UFITA ; H. 58)
ISBN 3-8059-0481-9

Satz und Druck: Walter de Gruyter & Co., Berlin
Bindung: Wübben, Berlin

Vorwort

Bei der vorliegenden Arbeit handelt es sich um meine Dissertation, in die neben durch Neuauflagen bedingte Zitatänderungen auch die wesentliche, zwischenzeitlich zu diesem Thema erschienene Literatur und Rechtsprechung eingearbeitet wurde. Festzustellen ist dabei allerdings, daß, da es sich fast ausnahmslos um Wiederholungen bzw. das Neuaufgreifen schon veröffentlichter und diskutierter Meinungen handelt, eine ausführlichere Auseinandersetzung nicht notwendig erschien.
Ausdrücklich hinzuweisen ist schließlich auf die den dieser Arbeit zugrunde liegenden Sachverhalt, die „Auflösung des Kunstbegriffs" darstellende Veröffentlichung Dieter Wellershoffs (edition suhrkamp Nr. 848, Frankfurt/Main 1976).

Hamburg, Februar 1978 Gerhard Rau

Inhaltsverzeichnis

Abkürzungsverzeichnis

a. A.	anderer Ansicht
a. a. O.	am angegebenen Ort
Anm.	Anmerkung
Begr.	Amtliche Begründung zum Regierungsentwurf eines Urheberrechtsgesetzes, Drucksache IV/270 des Deutschen Bundestages
BGBl.	Bundesgesetzblatt
BGH	Bundesgerichtshof
BGHZ	Entscheidungen des Bundesgerichtshofs in Zivilsachen
Fn	Fußnote
FS	Festschrift
GG	Grundgesetz für die Bundesrepublik Deutschland vom 23. 5. 1949
GMG	Gesetz, betreffend das Urheberrecht an Mustern und Modellen vom 11. 1. 1876
GRUR	Gewerblicher Rechtsschutz und Urheberrecht, Inlandsteil
GRUR Int.	Gewerblicher Rechtsschutz und Urheberrecht, Internationaler Teil
h. M.	herrschende Meinung
InterGu	Internationale Gesellschaft für Urheberrecht e. V.
it	Insel-Taschenbuch
JR	Juristische Rundschau
JZ	Juristenzeitung
KUG	Gesetz, betreffend das Urheberrecht an Werken der bildenden Künste und der Photographie vom 9. 1. 1907
LUG	Gesetz, betreffend das Urheberrecht an Werken der Literatur und der Tonkunst vom 19. 6. 1901
LZ	Leipziger Zeitschrift
MDR	Monatsschrift für deutsches Recht
Mitteilungen	Schweizerische Mitteilungen über gewerblichen Rechtsschutz und Urheberrecht, Zürich
MittPA	Mitteilungen der deutschen Patentanwälte
m. w. N.	mit weiteren Nachweisen
NJW	Neue Juristische Wochenschrift
ÖstUrhG	Bundesgesetz über das Urheberrecht an Werken der Literatur und Kunst und über verwandte Schutzrechte vom 9. 4. 1936
OLG	Oberlandesgericht
pr.	principium
RBÜ	Revidierte Berner Übereinkunft
RGSt	Entscheidungen des Reichsgerichts in Strafsachen
RGZ	Entscheidungen des Reichsgerichts in Zivilsachen
SchwUrhG	Bundesgesetz, betreffend das Urheberrecht an Werken der Literatur und Kunst vom 7. 12. 1922
UFITA	Archiv für Urheber-, Film-, Funk- und Theaterrecht
UG	Gesetz über Urheberrecht und verwandte Schutzrechte vom 9. 9. 1965
vgl.	vergleiche
WUA	Welturheberrechtsabkommen

Literaturverzeichnis

Juristische Werke

Baumbach/Hefermehl: Wettbewerbs- und Warenzeichenrecht Bd. I, 11. Aufl., München 1974

de Boor, Hans Otto: Urheberrecht und Verlagsrecht, Stuttgart 1917.

Brutschke, Paul-Gerhard: Urheberrecht und EDV, München 1972.

Bussmann/Pietzcker/Kleine: Gewerblicher Rechtsschutz und Urheberrecht, 3. Aufl., Berlin 1962

Dietz, Adolf: Moderne Kunst und droit de suite, in: Gewerblicher Rechtsschutz – Urheberrecht – Wirtschaftsrecht, Mitarbeiterfestschrift für Eugen Ulmer, Köln-Berlin-Bonn-München 1973, S. 3ff.

Ders.: Gesetzliche Regelung und praktische Verwirklichung der Büchereitantieme, GRUR 1976, 289ff.

Dittrich, Robert: Das österreichische Verlagsrecht, Wien 1969.

Elster, Alexander: Urheber- und Erfinder-, Warenzeichen- und Wettbewerbsrecht, 2. Aufl., Berlin/Leipzig 1928.

Fabiani, Mario: Der rechtliche Schutz am musikalischen Werk, in Band 37 der Schriftenreihe der InterGU, Berlin/Frankfurt 1965, S. 59ff.

Ders.: Sind Apparate geistige Schöpfer? GRUR Int. 1965, 422ff.

Fellerer, Karl-Gustav: Bearbeitung und Elektronik als musikalisches Problem im Urheberrecht, in Band 37 der Schriftenreihe der InterGU, Berlin/Frankfurt 1965, S. 5ff.

v. Fischer, K.: Ist die Interpretation eines Musikwerks als schöpferische Leistung zu betrachten? Mitteilungen 1960, 146ff.

v. Foerster, Peter: Das Urheberrecht des Theaterregisseurs, Diss. Hamburg 1971, Schriftenreihe der UFITA, Heft 43, Berlin 1973.

Fromm/Nordemann: Urheberrecht, Kommentar, 3. Aufl., Stuttgart/Berlin/Köln/Mainz 1973

Fromm, Friedrich-Karl: Der Apparat als geistiger Schöpfer, GRUR 1964, 304ff.

Furler, Hans: Zur Abgrenzung von Kunstwerk und Geschmacksmuster, GRUR 1949, 325.

Ders.: Das Geschmacksmustergesetz, 3. Aufl., München/Berlin/Köln 1966.

v. Gamm, Otto Friedrich Frh.: Urheberrechtsgesetz, Kommentar, München 1968 (zitiert: UG).

Ders.: Geschmacksmustergesetz, Kommentar, München/Berlin 1966 (zitiert: GMG).

Ders.: Bearbeiter in *Reimer*: Wettbewerbs- und Warenzeichenrecht, 2. Band, 4. Aufl., Köln/Berlin/Bonn/München 1972 (zitiert: WB/WZ).

Gerstenberg, Ekkehard: Spezialkammern und Sachverständigenkammern für Urheberrechtsstreitsachen, GRUR 1954, 523ff.

Ders.: Der Begriff des Kunstwerks in der bildenden Kunst, GRUR 1963, 245ff.

Ders.: Die Urheberrechte an Werken der Kunst, der Architektur und der Photographie, München 1968.

Ders.: Moderne Kunst und Urheberrecht, in Festschrift für Senatspräsident Wendel, München 1969, S. 89ff.

Ders.: „Angewandte Kunst" in der Rechtsprechung über Möbel, GRUR 1974, 707ff.

Ders.: Zur Schutzdauer für Lichtbilder und Lichtbildwerke, GRUR 1976, 131ff.

Girth, Peter: Individualität und Zufall im Urheberrecht, Schriftenreihe der UFITA, Heft 48, Berlin 1974.

Hanser-Strecker, Carl-Peter: Das Plagiat in der Musik, Diss. Frankfurt 1968.

Heim, Elmar: Die statistische Einmaligkeit im Urheberrecht de lege lata und de lege ferenda, Diss. Freiburg/Schweiz 1971.

Henssler, Eberhard: Geschmacksmuster- und Urheberschutz für die industrielle Formgestaltung, GRUR 1957, 8ff.

Hereth, Franz: Urheberrechtlicher Schutz bei technischen Zeichnungen von Bauwerken oder Bauwerksteilen, NJW 1963, 2256ff.

Heydt, Ludwig: Geschmacksmuster und Werke der angewandten Kunst, GRUR 1968, 530ff.

Heymann, Ernst: Die zeitliche Begrenzung des Urheberrechts, Berlin 1927.

Hirsch Ballin, Ernst: Verwandte Schutzrechte, UFITA Bd. 18 (1974) S. 310ff.

Ders.: Rechtsschutz des Schöpferischen, Studium Generale 1957, 56.

Ders.: Zufallsmusik, UFITA Bd. 50 (1967) S. 843ff.

Holland, Gerhard: Die Rechtsstellung des Filmschaffenden, Diss. Würzburg 1969.

Hubmann, Heinrich: Urheber- und Verlagsrecht, 3. Aufl., München 1974.

Ders.: Gewerblicher Rechtsschutz, 3. Aufl., München 1974.

Jöstlein, Hans: Über die „Kunst", den Begriff des Kunstwerks rechtlich zu bestimmen, MittPA 1964, 207ff.

Ders.: Unruhige Kunst aus urheberrechtlicher Sicht, UFITA Bd. 56 (1970) S. 111.

Ders.: Kitsch und kommerzielle Werkproduktion, in Festschrift für Georg Roeber, Berlin 1973, S. 207ff.

Katzenberger, Paul: Die Neuregelung des Folgerechts durch die Urheberrechtsnovelle 1972, UFITA Bd. 68 (1973) S. 71ff.

Knies, Wolfgang: Schranken der Kunstfreiheit als verfassungsrechtliches Problem, München 1967.

Köhler, Reimar: Der urheberrechtliche Schutz der Rechenprogramme, München 1968.

Kohler, Josef: Das Urheberrecht an Schriftwerken und Verlagsrecht, Stuttgart 1907.

Kopsch, Julius: Der Schutz des künstlerischen Einfalls, GRUR 1939, 749.

Krüger-Nieland, Gerda: Das Recht der Persönlichkeit und die Freiheit der Kunst, UFITA Bd. 53 (1969) S. 181ff.

Kummer, Max: Das urheberrechtlich schützbare Werk, Bern 1968.

Larese, Wolfgang: Unterwegs zu einem neuen schweizerischen Urheberrechtsgesetz, UFITA Bd. 65 (1972) S. 21.

Locher, Horst: Das Recht der bildenden Kunst, München 1970.

Mayer, Otto: Deutsches Verwaltungsrecht Bd. 2, 1. Aufl., Leipzig 1895.

Ders.: Schiffahrtsabgaben, Tübingen 1907.

Mestmäcker/Schulze: Kommentar zum deutschen Urheberrecht, 4. Lfg. Frankfurt/M. 1974.

Möhring/Nicolini: Urheberrechtsgesetz, Kommentar, Berlin/Frankfurt 1970.

Möhring, Philipp: Können technische, insbesondere Computer-Erzeugnisse Werke der Literatur, Musik und Malerei sein? UFITA Bd. 50 (1967) S. 835ff.

Müller, Ernst: Das deutsche Urheber- und Verlagsrecht, 2. Band, München 1907.

Nordemann, Wilhelm: Zur Abgrenzung des Geschmacksmusterschutzes vom Urheberschutz, UFITA Bd. 50 (1967) S. 906ff.

Oekonomidis, Demetrius: Die Zitierfreiheit im Recht Deutschlands, Frankreichs, Großbritanniens und der Vereinigten Staaten, Band 42 der Schriftenreihe der InterGU, Berlin/Frankfurt 1970.

Oettinger, Klaus: Kunst ohne Schranken? UFITA Bd. 71 (1974) S. 15ff.

Osterrieth, Albert: Lehrbuch des gewerblichen Rechtsschutzes, Leipzig 1908.

Osterrieth/Marwitz: Das Urheberrecht an Werken der bildenden Künste und der Photographie, 2. Aufl., Berlin 1929.

Overath, Johannes: Urheber und Interpret in der Musik, Band 11 der Schriftenreihe der InterGU, Berlin/Frankfurt 1959.

Pakuscher, Ernst Karl: Neue Musik und Urheberrecht UFITA Bd. 72 (1975) S. 107ff.

Palandt: Bürgerliches Gesetzbuch, Kommentar, 36. Aufl., München 1977.

Plander, Harro: Wissenschaftliche Erkenntnisse und Urheberrecht an wissenschaftlichen Werken, UFITA Bd. 76 (1976) S. 25ff.

von Rauscher auf Weeg, Hans Hugo: Kunstschutz bei Verwendung gemeinfreier Formelemente, GRUR 1967, 576.

Riedel, Hermann: Zum Werkbegriff im Urheberrecht, JR 1957, 366.

Ders.: Urheber- und Verlagsrecht, Kommentar, Wiesbaden 1968.

Ders.: Originalmusik und Musikbearbeitung, Schriftenreihe der UFITA, Heft 36, Berlin 1971.

Riezler, Erwin: Deutsches Urheber- und Erfinderrecht, München/Berlin 1909.

Rintelen, Max: Urheberrecht und Urhebervertragsrecht nach österreichischem, deutschem und schweizerischem Recht, Wien 1958.

Runge, Kurt: Urheber- und Verlagsrecht, Bonn/Hannover/Stuttgart 1948/49/53.

Ders.: Urheberrecht oder Leistungsschutz? GRUR 1959, 75.

Samson, Benvenuto: Das neue Urheberrecht, Schriftenreihe der UFITA, Heft 32, Baden-Baden 1966.

Ders.: Die moderne Kunst, die Computer-„Kunst" und das Urheberrecht, UFITA Bd. 56 (1970) S. 117ff.

Ders.: Die Computerkunst und das Urheberrecht, UFITA Bd. 72 (1975) S. 89ff.

Ders.: Urheberrecht oder Leistungsschutzrecht des Bühnenregisseurs? GRUR 1976, 191f.

Schanze: Geschmacksmustergesetz und Kunstschutzgesetz, LZ 1908, Sp. 822.

Schmieder, Hans-Heinrich: Ist die „kleine Münze" des Urheberrechts nach dem neuen Gesetz ungültig? GRUR 1968, 78ff.

Ders.: Geistige Schöpfung als Auswahl und Bekenntnis, UFITA Bd. 52 (1969) S. 107ff.

Ders.: Die Verwandten Schutzrechte – ein Torso? UFITA Bd. 73 (1975) S. 65ff.

Ders.: Zehn Jahre Urheberrechtsgesetz, NJW 1976, 81ff.

Schramm, Carl: Grundlagenforschung auf dem Gebiet des gewerblichen Rechtsschutzes und Urheberrechts, Berlin/Köln 1954.

Ders.: Zum Begriff „Kunst", UFITA Bd. 51 (1968) S. 75ff.

Schraube, Conrad: Der Schutz der „kleinen Münze" im Urheberrecht, UFITA Bd. 61 (1971) S. 127ff.

Schulze, Erich: Der Künstler und die Technik, Bd. 5 der Schriftenreihe der InterGU, Berlin/Frankfurt 1958, S. 9ff.

Sidler, Peter: Der Schutz von Computerprogrammen im Urheber- und Wettbewerbsrecht, Basel 1968.

Strunkmann-Meister, Karl-Erhard: Gegenseitiges Verhältnis von Geschmacksmusterschutz und Urheberschutz, Diss. Basel 1967.

Tetzner, Heinrich: Das „Werk der Musik" in der Neuen Musik, JZ 1975, 649ff.

Tölke, Günter: Das Urheberpersönlichkeitsrecht an Werken der bildenden Künste, Diss. München 1967.

Troller, Alois: Immaterialgüterrecht Bd. I, 2. Aufl., Basel/Stuttgart 1968.

Ders.: Jurisprudenz auf dem Holzwege, Bd. 13 der Schriftenreihe der InterGU, Berlin/Frankfurt 1959.

Ders.: Urheberrecht und Ontologie, UFITA Bd. 50 (1967) S. 385ff.

Ders.: Die leitenden Ideen, in Bd. 48 der Schriftenreihe der InterGU, München 1972: Vorentwurf der Expertenkommission für ein schweizerisches Bundesgesetz betreffend das Urheberrecht.

Ulmer, Eugen: Urheber- und Verlagsrecht, 2. Aufl., Berlin/Göttingen/Heidelberg 1960.

Ders.: Der Urheberschutz wissenschaftlicher Werke unter besonderer Berücksichtigung der Programme elektronischer Rechenanlagen, München 1967.

Ders.: Der urheberrechtliche Werkbegriff und die moderne Kunst, Rezensionsabhandlung betreffend *Kummer*: Das urheberrechtlich schützbare Werk, GRUR 1968, 527ff.

Wassner, Fernando: Kunst, Geschmack und unlauterer Wettbewerb, Heft 52 der Schriftenreihe der UFITA, Berlin 1975.

Weissthanner, Margot: Urheberrechtliche Probleme Neuer Musik, Urheberrechtliche Abhandlungen des Max-Planck-Instituts für ausländisches und internationales Patent-, Urheber- und Wettbewerbsrecht, München, Heft 14, München 1974.

Wippermann, Gert: Der Schutz der Leistung des ausübenden Künstlers nach geltendem und nach künftigem Recht, Diss. Köln 1959.
Zschokke, Andres: Der Werkbegriff im Urheberrecht, Diss. Zürich 1966.

Außerjuristische Werke

Baumgart, Christa: Geschichte des Futurismus, Reinbek 1966.
Becker/Vostell: Happenings, Reinbek 1965.
Bessis, Marcel: Corpuscles, Berlin/New York 1974
Bongard, Willi: Folgerecht, ein Schlag ins Wasser, DIE WELT 6. 3. 73.
Ders.: Kunst-Kompass in Capital 10/1974, 11/1975, 11/1976.
Cage, John: Notations, New York 1968.
Crone, Rainer und *Wiegand*, Wilfried: Die revolutionäre Ästhetik Andy Warhols, Darmstadt 1972.
Eichler, Richard: Viel Gunst für schlechte Kunst, München 1968.
Franke, Herbert: Phänomen Kunst, Köln 1968.
Gunzenhäuser, Rul: Zur Synthese von Texten mit Hilfe programmgesteuerter Ziffernrechenanlagen, Mathematik-Technik-Wirtschaft Mitt. 1963, H. 1, S. 4ff.
Heidegger, Martin: Holzwege, Frankfurt 1957.
Hiller, Lejaren A.: Informationstheorie und Computermusik, Darmstädter Beiträge zur Neuen Musik, Bd. VIII, Mainz 1964.
Hocke, Gustav René: Die Welt als Labyrinth, Hamburg 1957 (zit.: I).
Ders.: Manierismus in der Literatur, Hamburg 1959 (zit.: II).
Hofmann, Werner: Grundlagen der modernen Kunst, Stuttgart 1966.
Katalog der documenta 5, Kassel/München 1972 (zit.: Katalog d 5).
Katalog der Ausstellung Dieter *Roth*, Originale 1946–74 im Kunstverein in Hamburg, 1. 6./14. 7. 1974.
Kovach, Francis: Die Ästhetik des Thomas von Aquin, Berlin 1961.
Kracke, Helmut: Aus eins mach zehn und zehn ist keins, Reinbek 1970.
Krause/Schaudt: Computer-Lyrik, 2. Aufl., Düsseldorf 1969.
Lützeler, Heinrich: Abstrakte Malerei, Gütersloh 1967.
Moles, Abraham: Kunst und Computer, Köln 1973.
Nadeau, Maurice: Geschichte des Surrealismus, Reinbek 1965.
Nake, Frieder: Künstliche Kunst – Zur Produktion von Computer-Graphiken in H. *Ronge*: Kunst und Kybernetik, Köln 1968, S. 128ff.
Nees, Georg: Generative Computergraphik, Berlin/München 1969.
Ohff, Heinz: Anti-Kunst, Düsseldorf 1973.
Pesch, Ludwig: Die romantische Rebellion, München 1962.
Pfitzner, Hans: Werk und Wiedergabe, Bd. 3 der Gesammelten Schriften, Augsburg 1929.
Pierce, John: Phänomene der Kommunikation, Düsseldorf/Wien 1965.
Pierre, José: Lexikon des Surrealismus, Köln 1974.
Platzeck, Erhard: Raimund Lull, Düsseldorf 1962/64.
Prieberg, Fred: Musik des technischen Zeitalters, Zürich/Freiburg 1956.
Restany, Pierre: Die Beseelung des Objekts, in *Becker/Vostell*, S. 101.
Richter, Hans: DADA – Kunst und Antikunst, 2. Aufl., Köln 1970.
Rotzler, Willy: Objekt-Kunst, Köln 1972.
Schasler, Max: Ästhetik als Philosophie des Schönen und der Kunst, Aalen 1971.
Schreiber, Mathias: Kunst zwischen Askese und Exhibitionismus, Köln 1974.
Schwitters, Kurt: Das literarische Werk Bd. 1, Köln 1973.
Spoerri (Feinstein), Daniel/*Filliou*, Robert: Anekdoten zu einer Topographie des Zufalls, Neuwied/Berlin 1969.
Steinbuch, Karl: Automat und Mensch, Berlin/Heidelberg/New York 1965.
Strawinsky, Igor: Leben und Werk, Zürich/Mainz 1957.

Thomas, Günther: Gioco Filarmonico – Würfelmusik und Joseph Haydn, Musica scientiae collectanea (FS für Karl Gustav Fellerer), Köln 1973.
Thomas, Karin: Sachwörterbuch zur Kunst des 20. Jahrhunderts, Köln 1973.
Viehweg, Theodor: Topik und Jurisprudenz, München 1974.
Vischer, Friedrich Th.: Aesthetik Bd. I, 2. Aufl., München 1922.
Weber, Jürgen: Pop-Art, München 1970.
Wendt, Wol-Rainer: Ready-made, Meisenheim 1970.
Worringer, Wilhelm: Abstraktion und Einfühlung, München 1959. (Neuauflage d. Arbeiten v. 1908/1910).

I. Einleitung

1. Regelung des geltenden Rechts

a) Werkbegriff

Das Urheberrecht gewährt den Urhebern von Werken der Literatur, Wissenschaft und Kunst für ihre Werke Schutz[1]. Der Urheber wird nicht in seiner schöpferischen Tätigkeit geschützt[2], sondern in seinen geistigen und persönlichen Beziehungen zum Werk und in der Nutzung des Werkes[3].
Schutzgegenstand des Urheberrechts ist also nicht der künstlerische Schaffensprozeß, sondern das geschaffene Werk.
Allerdings wird nicht jedes Ergebnis einer schöpferischen Tätigkeit durch das Urheberrecht geschützt. Es muß sich um ein Werk der Literatur, Wissenschaft und Kunst handeln, wobei jedoch alle Erzeugnisse auf diesem Gebiet ohne Rücksicht auf die Art und Form des Ausdrucks erfaßt werden[4]. In § 2 Abs. 1 UG werden Beispiele aufgeführt, doch ist dieser Katalog, wie sich aus dem Wort „insbesondere" ergibt, nicht erschöpfend[5].

---

[1] § 1 UG. – Die einheitliche Regelung des gesamten Urheberrechts einschließlich seiner Randgebiete erfolgte erstmals in dem Gesetz über Urheberrecht und verwandte Schutzrechte vom 9. Sept. 1965 (BGBl. I 1273) (im folgenden UG), das inzwischen mehrmals, insbesondere durch Gesetz vom 10. Nov. 1972 (BGBl. I 2081) geändert wurde. Es ersetzte das Gesetz betreffend das Urheberrecht an Werken der Literatur und Tonkunst vom 19. Juni 1901 (LUG) sowie das Gesetz betreffend das Urheberrecht an Werken der bildenden Künste und der Photographie vom 9. Jan. 1907 (KUG), das allerdings insoweit fortgilt, als es den Schutz von Bildnissen betrifft (§ 145 Nr. 5 UG). Zur historischen Entwicklung des Urheberrechts s. die rechtsvergleichende Darstellung bei *Oekonomidis* S. 28ff., sowie die Übersichten bei *Hubmann* S. 8ff., *Ulmer* S. 46ff.

[2] *Hubmann* S. 48. *Troller* S. 467. – (Die Berücksichtigung schweizerischer und österreichischer Autoren empfiehlt sich durch die im wesentlichen übereinstimmenden Definitionen des Schutzgegenstands der Urhebergesetze Deutschlands, der Schweiz und Österreichs. Vgl. § 2 UG persönliche geistige Schöpfung. § 1 ÖstUrhG eigentümliche geistige Schöpfungen. Art 1 II SchwUrhG eigenartige Schöpfung, s. zu letzterem Kummer S. 36).

[3] § 11 UG.

[4] Art. 2 RBÜ.

[5] Im Gegensatz zum LUG und KUG (vgl. Begründung S. 37). Die Aufzählung in § 1 UG entspricht der internationalen Terminologie. (Begr. a. a. O.), vgl. Art. I WUA, Art. 2 RBÜ. Kürzer und treffender wäre die Bezeichnung „Werke der Kunst" oder „Kunstwerke" (*Fromm/Nordemann* § 1,2). Vgl. auch Art. 1 des Vorentwurfs zum Schweizerischen UrhG „Sprachwerke, Werke der Musik, Werke der bildenden und anderen Künste", in dem die mißverständliche Erwähnung der „Wissenschaft" vermieden wird, siehe dazu Begr. S. 37.

Die bloße Zugehörigkeit zum Bereich der Literatur, Wissenschaft und Kunst reicht für die urheberrechtliche Schutzfähigkeit jedoch nicht aus. Im Anschluß an die bisherige Rechtsprechung[6] und Rechtslehre[7] wird darüberhinaus als generelles qualifizierendes Kriterium[8] in § 2 Abs. 2 UG gefordert, daß eine persönliche geistige Schöpfung vorliegt.

Erzeugnisse, die zwar einer der in § 2 Abs. 1 UG aufgeführten Werkarten angehören, jedoch keine persönlichen geistigen Schöpfungen sind, werden nicht geschützt. Andererseits können Werke im Sinne von § 2 Abs. 2 UG geschützt werden, obwohl sie nicht in § 2 Abs. 1 UG aufgeführt sind. Neu auftretende Arten der Literatur, Wissenschaft und Kunst sind somit auch ohne Gesetzesänderung schutzfähig[9].

Entscheidend für die Zuerkennung urheberrechtlichen Schutzes ist also, ob eine persönliche geistige Schöpfung vorliegt[10]. Aus der Formulierung ergibt sich, daß eine mögliche Zweckverfolgung (z. B. Reklame, Gebrauch etc.) den urheberrechtlichen Werkcharakter nicht berührt. Es muß sich nicht um ein zweckfrei geschaffenes Werk handeln[11].

Der Begriff der Schöpfung setzt voraus, daß das Geschaffene noch nicht vorhanden war (sonst läge eine Wiedergabe vor); es muß also neu sein[12]. Dabei wird allerdings nur verlangt, daß der Schöpfer an die Neuheit seines Werks glaubt, also nicht weiß, daß das gleiche Werk schon existiert[13]. Doppelschöpfungen sind demnach möglich.

---

6 Ständige Rechtsprechung mit wechselnden Formulierungen

wie	RGZ 72,164	individuelle geistige Tätigkeit	
	RGZ 153,71	eigenpersönliche selbständige Schöpfung	
	RGSt 41,401	individuelle geistige Tätigkeit	
und	RGZ 139,219 RGZ 155,206	eigenpersönliche Schöpfung	
und	BGHZ 5,1 BGHZ 22,209	„Hummelfiguren" „Europapost"	eigenpersönliche geistige Schöpfung
	= UFITA Bd. 23 (1957) S. 207		

7

Müller S. 21	geistige, individuelle Eigenart verratende Schöpfung
de Boor S. 85	individuelle geistige Schöpfung
Runge S. 18,417 *Elster* S. 93	eigentümliche geistige Schöpfung
Ulmer S. 109	auf der geistigen Leistung beruhende Individualität
vgl. auch Motive zum KUG	eigenartige und individuelle künstlerische Leistung.

8 *Zschokke* S. 6ff.

9 *Gerstenberg* § 2,1; *Fromm/Nordemann* § 2,1; *Hubmann* S. 87.

10 Absatz 2 müßte insofern systematisch richtig vor den Beispielen des Absatz 1 stehen (*Gerstenberg* § 2,15).

11 BGHZ 16,8; BGH in UFITA Bd. 76 (1976) S. 313, 317; anders noch RGZ 70, 266, 268.

12 *Fromm/Nordemann* § 2,3; *Gerstenberg* § 2,17.

13 *Troller* S. 471; *Fromm/Nordemann* a. a. O. A. A. u. a. *Runge* S. 32; *Schmieder* UFITA Bd. 52, (1969) S. 113, die objektive Neuheit verlangen.

Persönlich ist eine Schöpfung, die von einem Menschen herrührt und außerdem von der Persönlichkeit ihres Urhebers geprägt ist[14]. Sie muß die Handschrift ihres Schöpfers tragen[15].
Eine geistige Schöpfung soll aus gedanklicher Tätigkeit erwachsen sein[16] und einen geistigen Inhalt zum Ausdruck bringen, wobei es gleichgültig ist, ob es sich um einen begrifflichen (bei Sprachwerken), anschaulichen (bei der bildenden Kunst), nur durch Hören erfaßbaren (bei der Musik) oder sonstigen Inhalt handelt[17].
Voraussetzung des Schutzes ist allerdings, daß der geistige Inhalt in einer bestimmten Form Ausdruck findet[18]. Ob eine schutzwürdige Schöpfung vorliegt, kann nur an der geformten Materie, an der äußeren Form entschieden werden, wobei Form nur die Wahrnehmbarmachung, Gestaltung bezeichnet und nicht im Gegensatz zum dargestellten Inhalt gesehen werden soll[19].
Schutz genießt insofern auch nur das einzelne Werk, nicht eine Werkgattung[20].
Das Werk muß im Geiste seines Autors seinen Ursprung haben[21], muß also ein Ergebnis individuellen geistigen Schaffens sein[22].
Nicht individuell ist die Verwendung von Elementen des Gemeinguts[23]. Dazu gehören Naturformen[24] und Naturgesetze[25]. Von diesen Gesetzen bestimmte Gestaltungen sind dementsprechend ebenfalls gemeinfrei[26]. So können mathematische und andere wissenschaftliche Erkenntnisse nur in bestimmten Zahlenreihen oder Formeln ausgedrückt werden. Die Art der Gestaltung hängt dann nur von den angewandten Gesetzen ab, kann also nicht individuell sein[27]. Weiter sind Gemeingut die Menschheits- und Kulturgeschichte[28], Geistesgut wie Fabeln und

---

14 *Fabiani* GRUR Int. 1965, 423; *Fromm/Nordemann* § 2,5; *Pakuscher* UFITA Bd. 72, (1975) S. 109. Hohe Ansprüche stellt *Jöstlein*: „Das Werk muß die Persönlichkeit des Urhebers erkennbar ausstrahlen. Man muß an der Klaue den Löwen zu erkennen vermögen." (MittPA 1964, 207) und: „Der Urheber (soll) dem Werk den Stempel seiner Persönlichkeit einprägen." (UFITA Bd. 56 [1970] S. 115; FS Roeber S. 238, 240).

15 *Gerstenberg* § 2,17.

16 *Brutschke* S. 47.

17 *Hubmann* S. 87.

18 *Hubmann* S. 88.

19 *Troller* S. 467; *Kummer* S. 8ff.; zum ausgestandenen Streit über Form und Inhalt vgl. *Kohler* S. 128ff.; *Ulmer* S. 105ff.; *Kummer* a. a. O.; *Plander* S. 25ff.

20 *Hubmann* S. 86.

21 *Troller* S. 466; *Hubmann* S. 88.

22 BGHZ 9,268.

23 *Möhring/Nicolini* § 2,10c bb.

24 Zu denen auch geometrische Grundformen zählen, *Kummer* S. 47ff. *Hubmann* S. 30.

25 *Osterrieth/Marwitz* S. 28.

26 *Möhring/Nicolini* § 2,6a dd; 10c bb; *Gerstenberg* § 2,9; *Kummer* S. 106ff.

27 *Troller* S. 419: „Wenn (zu) Formeln als dem klarsten Verständigungsmittel (gegriffen wird), (können) diese Zahlen und Formeln . . . nicht noch individuell variiert werden. Der wissenschaftliche Inhalt beherrscht die Form."

28 *Fromm/Nordemann* § 24,1a; *Ulmer* S. 222; *Hubmann* S. 31.

Sagen[29], sowie Ideen, Theorien und Lehren[30], zu denen auch Kompositionstechniken oder Malstile zählen[31].
Erschöpft sich ein Werk in der Benutzung gemeinfreier Elemente, wird es nicht urheberrechtlich geschützt, es sei denn, diese Elemente werden untereinander oder mit einem neuen Element so kombiniert, daß eine persönliche geistige Schöpfung entsteht[32].
Gemeingut ist nicht urheberrechtlich schutzfähig[33].
Individuell können auch einfachste Gedankenäußerungen sein[34]. Eine künstlerische Bewertung der Werke nach ihrer Qualität ist für die urheberrechtliche Schutzwürdigkeit nicht nötig. Verlangt wird indessen, daß der ästhetische Gehalt der individuellen Erzeugnisse wenigstens einen so bescheidenen Grad erreicht hat, daß nach den im Leben herrschenden Anschauungen noch von Kunst gesprochen werden kann[35]. Der weitgehende Verzicht auf eine Qualitätsprüfung führte zur Bildung der sogenannten „Kleinen Münze des Urheberrechts"[36], d. h. urheberrechtlich geschützt sind auch Kochrezepte[37], Fahrscheine[38], Adreß- und Fernsprechbücher[39], Prospekte[40] oder Rechentabellen[41,42].

---

29 Sofern ihr Verfasser unbekannt ist *Fromm/Nordemann* § 24,1 b; *Möhring-Nicolini* § 2,10c bb.

30 *Ulmer* S. 223; *Mestmäcker/Schulze* § 2,2; *Hubmann* S. 30; *Fromm/Nordemann* § 24,1 d.

31 *Hubmann* S. 39; *Fromm/Nordemann* § 2,7.

32 BGHZ 16, 4,6 = UFITA Bd. 20 (1955) S. 122, 124; BGHZ 27, 351, 356 = UFITA Bd. 26 (1958) S. 235, 238 „Candida"; BGH GRUR 1959, 289,291 = UFITA Bd. 28 (1959) S. 214, 216 „Rosenthal-Vase"; BGH GRUR 1961, 635, 637 = UFITA Bd. 34 (1961) S. 337, 339 „Stahlrohrsessel"; *Möhring/Nicolini* § 2,10c bb; *Henssler* GRUR 1957, 8,13.

33 Allgemeine Ansicht: BGHZ 15, 249, 255 = UFITA Bd. 19 (1955) S. 353, 357; *Ulmer* S. 109ff.; *Fromm/Nordemann* § 2,8; *Zschokke* S. 59.

34 sofern sie den unsichtbaren Stempel ihres Verfassers auf der Stirn tragen (*Fromm/Nordemann* § 2,8b, 6e).

35 Ständige Rechtsprechung: vgl. RGZ 76,344; BGHZ 16,8 = UFITA Bd. 20 (1955) S. 125.

36 Ausführliche Darstellung bei *Schraube*, UFITA Bd. 61 (1971) S. 127.

37 RGZ 81, 120; OLG Hamburg UFITA Bd. 23 (1957) S. 222.

38 BGH UFITA Bd. 28 (1959) S. 208.

39 RGZ 116, 292; BGH GRUR 1961, 631 = UFITA Bd. 43 (1964) S. 149 „Fernsprechbuch".

40 OLG Hamburg GRUR 1955, 206f.; BGH GRUR 1961, 85 „Pfiffikus-Dose".

41 RGZ 121, 357, 361.

42 *Schraube* (S. 141ff.) läßt „kleine Münze" ohne kulturelle Funktion ungeschützt. Bei nur wirtschaftlicher Funktion könne wettbewerbsrechtlicher Schutz in Betracht kommen. Für strengere Anforderungen und Verzicht auf die kleine Münze: *Gerstenberg* § 2,11; Einl. 4b; *Hubmann*, Schöpferischer Geist S. 81; *Troller* S. 475f.: „Die Tatsache allein, daß auch Wörterbücher, Preislisten usw. aus Papier hergestellt sind, dem Worte aufgedruckt wurden, schafft keine Verwandtschaft oder gar Gleichartigkeit mit dem literarischen Werk. Dieses ist eine geistige, vom Urheber geschaffene Sache und nicht bloß eine mit Fleiß und dank einer besonderen Ausbildung bewerkstelligten Aneinanderreihung von aufgesuchten Wörtern oder Tatsachen." Eine Zwischenstellung nimmt *Schmieder* (UFITA Bd. 72 (1975) S. 82) insofern ein, als er die „kleine Münze" systematisch neben dem Lichtbild einordnet und sie als Leistung schützen will.

Erzeugnisse, die diesen bescheidenen ästhetischen Gehalt nicht aufweisen, können durch das Geschmacksmusterrecht geschützt werden[43]. Dessen Schutzkriterium der Neuheit und Eigentümlichkeit kommt dem Begriff der persönlichen geistigen Schöpfung nahe, entspricht ihm fast[44]. Den Schutz des Geschmacksmusterrechts können auch urheberrechtlich geschützte Werke in Anspruch nehmen; der eine wird durch den anderen nicht ausgeschlossen[45]. Unabhängig von der Einstufung als urheber- bzw. geschmacksmusterschutzfähig kommt noch wettbewerbsrechtlicher Schutz in Betracht[46].

Für die Einstufung ist von folgendem graduellen Aufbau auszugehen[47]:

Erzeugnisse, die nicht neu und eigenartig sind, die z. B. rein handwerksmäßig, mit dem Können eines Durchschnittsgestalters hergestellt wurden, genießen keinerlei urheberrechtlichen oder Geschmacksmusterschutz.

Als Geschmacksmuster geschützt werden darüber in nicht zu geringem Abstand hinausgehende schöpferische Leistungen.

Erst in erheblich weiterem Abstand beginnt die untere Grenze der Urheberrechtsschutzfähigkeit.

b) Inhalt und Schranken des Urheberrechts

Der Schutz derjenigen Erzeugnisse, die diese Grenze übersteigen, also Werke im Sinne des § 2 Abs. 2 UG sind, ergibt sich aus den Vorschriften des 4. bis 7. Abschnitts des Urheberrechtsgesetzes, in denen Inhalt und Schranken des Urheberrechts bestimmt werden.

aa) Rechte bezüglich des Originalwerks

Das Urheberrecht schützt den Urheber in seinen geistigen und persönlichen Beziehungen zum Werk und in der Nutzung des Werks[48]. Durch diese Formulierung

---

43 von dem jedoch nur Erzeugnisse der bildenden Kunst erfaßt werden. Daraus ergibt sich eine ungleiche Behandlung. Erzeugnisse der bildenden Kunst müssen, um urheberrechtlich geschützt zu werden, höhere Anforderungen erfüllen als z. B. literarische Erzeugnisse, die keinen dem Geschmacksmusterschutz vergleichbaren Schutz haben. Während man jenen, um sie überhaupt zu schützen, den Urheberschutz zubilligt, verweist man die Erzeugnisse der bildenden Kunst auf das Geschmacksmusterrecht. Vgl. dazu auch *Ulmer,* UFITA Bd. 45 (1965) S. 21.

44 *v. Gamm* GMG § 1,35; *Furler* S. 46.

45 *Heydt* GRUR 1968, 530 m. w. N;

46 Vgl. zum Verhältnis zwischen Geschmacksmuster- und Wettbewerbsrecht *Hubmann,* Gew. Rechtsschutz S. 53.

47 h. M. BGHZ 22, 214 = UFITA Bd. 23 (1957) S. 207 „Europapost"; *v. Gamm* UG § 2,16. Ausführliche kritische Darstellung bei *Strunkmann-Meister* S. 129 ff. Als Folge dieser Trennung zwischen Geschmackmuster und Kunstwerk sieht *Furler* GRUR 1949, 328, daß „eine gewisse Unsicherheit und Unklarheit in der Grenzziehung in Kauf und der Vorwurf hingenommen werden muß, logisch widerspruchsvoll zu argumentieren".

48 § 11 UG.

des Gesetzes ist klargestellt, daß es sich beim Urheberrecht um die Gesamtheit aller Rechtsbeziehungen des Schöpfers zu seinem Werk handelt[49], es ist ein Recht, aus dem urheberpersönlichkeitsrechtliche und vermögensrechtliche Befugnisse untrennbar fließen[50].
Zum Urheberpersönlichkeitsrecht zählen die in den §§ 12 bis 14 UG aufgeführten Einzelrechte: das Veröffentlichungsrecht, das Recht auf Anerkennung der Urheberschaft am Werk und das Recht, Entstellungen oder andere Beeinträchtigungen des Werks zu verbieten.
Außerdem gehören dazu das Recht auf Zugang zum Werkstück (§ 25 UG) sowie das Rückrufsrecht wegen gewandelter Überzeugung (§ 42 UG).
In der Nutzung des Werks wird der Urheber durch Verwertungsrechte geschützt. Nach § 15 UG wird ihm das ausschließliche Recht der körperlichen Verwertung (Abs. 1 und §§ 16 bis 18 UG) und der unkörperlichen öffentlichen Wiedergabe (Abs. 2 und §§ 19 bis 22 UG) gewährt[51]. Da die Verwertungs- und Wiedergabearten nur beispielshaft aufgezählt sind („insbesondere"), werden auch bisher nicht bekannte Verwertungsarten ohne Gesetzesänderung vom Urheberrecht erfaßt[52].
Formen körperlicher Verwertung sind insbesondere die Vervielfältigung, die Verbreitung und die Ausstellung; das Recht der unkörperlichen Wiedergabe umfaßt insbesondere das Vortrags-, Aufführungs- und Vorführungsrecht, das Senderecht, das Recht der Wiedergabe durch Bild- oder Tonträger und das Recht der Wiedergabe von Funksendungen.
Dem Urheber stehen darüberhinaus das sogenannte Folgerecht des § 26 UG und das Recht auf angemessene Vergütung gemäß § 27 UG zu[53].
Nach § 26 UG wird der Urheber eines Werks der bildenden Kunst bei Veräußerung des Originals am Veräußerungserlös beteiligt. Diese Regelung geht aus von der Tatsache, daß Kunstwerke, die der Urheber billig verkauft hat, schon nach kurzer Zeit höhere Preise erzielen können. Durch das Folgerecht am Veräußerungserlös soll den Urhebern entsprechend dem Grundgedanken des Urheberrechts ein angemessener Anteil bei der wirtschaftlichen Nutzung ihrer Werke gesichert werden[54].

---

[49] *Fromm/Nordemann* § 11 pr.

[50] *Hanser-Strecker* S. 79; zum Theorienstreit vgl. *Heim* S. 56ff.

[51] Anders die frühere Rechtslage, vgl. dazu §§ 11, 12 LUG, 15, 15a, 17 KUG.

[52] *Fromm/Nordemann* § 15,1; *Hanser-Strecker* S. 79.

[53] Beide Vorschriften geändert durch die Novelle vom 10. Nov. 1972. Ausführliche Darstellung, insbesondere zur früheren Regelung und zur Vorgeschichte der Novellierung bei *Katzenberger*, UFITA Bd. 68 (1973) S. 71.

[54] Begründung S. 54; *Gerstenberg* § 26,2; *Locher* S. 81. Zu den Auswirkungen vgl. *Bongard:* „Diese Regelung behindert den Handel mit deutscher Kunst ... Im Wettbewerb mit ausländischen Künstlern werden die deutschen Künstler dadurch behindert ... Der beste Gebrauch, den sie von dem Folgerecht machen können, ist der, keinen davon zu machen. Im eigenen wohlverstandenen Interesse."

Das Recht auf angemessene Vergütung nach § 27 UG bezieht sich ausschließlich auf Vervielfältigungsstücke eines Werks, wobei es sich in der Praxis vor allem um Bücher, Zeitschriften und Schallplatten handelt[55].

bb) Rechte gegenüber abhängigen Nachschöpfungen

Die bisher angeführten Rechte betreffen nur das originale Werkstück oder Vervielfältigungsstücke des Werks.
Der Urheber ist jedoch auch über die Verwertung des Originalwerks oder seiner Kopien hinaus gegen eine Verwertung seines Werks in abgeänderter Form geschützt. § 23 UG bestimmt, daß Bearbeitungen oder andere Umgestaltungen des Werks nur mit Einwilligung des Urhebers des bearbeiteten oder umgestalteten Werks veröffentlicht oder verwertet werden dürfen.
Bearbeitungen sind Veränderungen, in denen die Individualität des bearbeiteten Werks noch erkennbar ist[56]. Sie unterscheiden sich von den ebenfalls in § 23 UG aufgeführten anderen Umgestaltungen dadurch, daß sie persönliche geistige Schöpfungen sind[57], während Umgestaltungen jene Änderungen sind, die sich unterhalb der Grenze für den Urheberschutz befinden[58].
Wird das geschützte Werk jedoch nur als Anregung benutzt, wobei sich das Zweitwerk von der Vorlage löst, wird also ein selbständiges Werk geschaffen, liegt eine freie Benutzung im Sinne des § 24 UG vor. Das neue Werk darf ohne Zustimmung des Urhebers der Vorlage veröffentlicht und verwertet werden.
Ein vorgegebenes Werk kann also in verschiedener Intensität verwendet werden[59]. Die einfachste Form stellt die Kopie dar, die keinerlei Änderung aufweist. Es folgt die andere Umgestaltung, die keine persönliche geistige Schöpfung ist, und die Bearbeitung, die selbst Urheberrechtsschutz genießt. Über der Bearbeitung steht die freie Benutzung, die als einzige der genannten Verwendungsformen vom Urheberrecht an der Vorlage nicht berührt wird. In den anderen Fällen wird der Urheber des Erstwerks durch die §§ 16 und 23 UG geschützt.
Wird eine abhängige Nachgestaltung eines geschützten Werks unter Anmaßung der Urheberschaft veröffentlicht, so ist der Tatbestand des Plagiats erfüllt[60]. Dabei kann das Zweitwerk völlig oder nur teilweise mit dem Original übereinstimmen, wobei letzteres in der Praxis häufiger der Fall ist[61]. Abzugrenzen ist das

---

55 Zur praktischen Verwirklichung der sog. Bibliothekstantieme vgl. *Dietz*, GRUR 1976, 289 ff.

56 *Hanser-Strecker* S. 80.

57 § 3 UG.

58 *Riedel* § 3 B c; *ders.*, Bearbeitung in der Musik S. 162; *Fromm/Nordemann* § 23,1. – A. A. *Hubmann* S. 106 f.; *Ulmer* S. 219 f.; Begründung S. 57, die als sonstige Umgestaltungen Änderungen verstehen, die sich nicht genügend vom Vorbild lösen konnten. Sie verzichten jedoch wegen der gleichen Rechtsfolge auf eine genaue Abgrenzung zur Bearbeitung.

59 *Riedel*, Bearbeitung S. 162 f.; *Zschokke* S. 92 ff.

60 *Hanser-Strecker* S. 40 m. w. N.; *Fromm/Nordemann* § 24 Anhang 2 ff.

61 Von zwei Fällen völliger Übereinstimmung berichtet *Hanser-Strecker* S. 138.

Plagiat von der sogenannten Doppelschöpfung, bei der das Zweitwerk unabhängig, d. h. ohne Kenntnis des anderen Werks geschaffen wurde. Beide Urheber werden unabhängig voneinander geschützt[62]. Doppelschöpfungen sind vor allem möglich bei einfachen Werken mit wenigen Elementen, die nur eine beschränkte Anzahl von Kombinationen zulassen[63]. Ein Plagiat, also eine abhängige Nachschöpfung, bei der das Wesen der Vorlage noch erkennbar sein muß, ist gerade bei einfachen Werken kaum noch möglich, da es umso schwieriger ist, ein Werk schöpferisch umzugestalten, je ärmer das Original ist[64]. In solchen Fällen ist entweder eine freie Benutzung anzunehmen (bei Kenntnis des Erstwerks) oder eine Doppelschöpfung (wenn das Zweitwerk unabhängig geschaffen wurde). Abhängige Nachschöpfungen sind dementsprechend nur bei Werken möglich, die im ganzen oder teilweise abwandelbar sind, ohne sich dadurch wesentlich zu verändern.

cc) Beschränkungen

Das Urheberrecht als umfassendes, absolutes Recht, das dem Urheber die ausschließende Herrschaft über sein Werk einräumt, ist jedoch wie das Sacheigentum und die anderen subjektiven Rechte ein sozialgebundenes Recht[65]. Neben der schon erwähnten Möglichkeit der freien Benutzung, die § 24 UG im Interesse von Kunst und Wissenschaft zuläßt, wird das Urheberrecht noch zugunsten weiterer Interessen der Allgemeinheit eingeschränkt[66].
Es handelt sich dabei um Beschränkungen zugunsten[67] der persönlichen Interessen des Verbrauchers[68], der Allgemeinheit[69], der Kulturwirtschaft[70] und der Kunst und Wissenschaft[71].
Darüber hinaus ist das Urheberrecht zeitlich begrenzt[72]. Es erlischt 70 Jahre nach dem Tod des Urhebers[73].

---

[62] *Fromm/Nordemann* § 24 Annang 11; *Hanser-Strecker* S. 49ff.
[63] Vgl. für die Schlagermusik mit ihrem begrenzten Tonmaterial *Hanser-Strecker* S. 53, Fußnote 11.
[64] *Troller* S. 512; *Runge* S. 25, 62; *Riedel,* Bearbeitung S. 148, 165; *Schramm,* Grundlagen S. 202.
[65] *Kopsch* ArchFunkR 1928, 261 (zitiert nach *Ulmer* S. 6) und GRUR 1939, 749; *Ulmer* S. 5ff.; *Fromm/Nordemann* 1 vor § 45.
[66] §§ 45ff. UG.
[67] Aufgliederung nach *Hubmann* S. 160ff.; ähnl. *Hanser-Strecker* S. 87f.
[68] §§ 53, 54, 60 UG.
[69] §§ 45, 47 bis 50, 52 UG.
[70] §§ 56 bis 58 UG.
[71] §§ 46, 51, 59 UG.
[72] Zur Problematik der zeitlichen Begrenzung vgl. *Heymann,* Die zeitliche Begrenzung des Urheberrechts; Begr. S. 78 (zu § 67 RegE);
[73] § 64 UG; vgl. auch die Sonderregelungen in § 64 Abs. 2 und insbesondere § 68 UG, nach dem die Schutzfrist für Lichtbildwerke, also Werke im Sinne des § 2 Abs. 2 UG, lediglich 25 Jahre beträgt.

c) Sonstiger Schutz kultureller oder wissenschaftlicher Leistungen

aa) Geschmacksmusterrecht

Der Schutz nach dem Geschmacksmustergesetz[74], der für Erzeugnisse in Betracht kommt, die nicht als Werke im Sinne des § 2 Abs. 2 UG angesehen werden, ist demgegenüber wesentlich geringer.
Schutzgegenstand sind gewerbliche Muster oder Modelle, die neu und eigentümlich sein müssen[75]. Der Erwerb des Schutzrechts setzt Anmeldung zur Eintragung ins Musterregister und Niederlegung eines Exemplars oder einer Abbildung des Musters oder Modells bei der Registerbehörde voraus[76]. Die Schutzdauer beträgt höchstens 15 Jahre[77]. Der Urheber wird nur gegen Nachbildungen in Verbreitungsabsicht, nicht aber gegen sonstige Wiedergaben geschützt[78]. Persönlichkeitsrechtliche Befugnise stehen ihm nicht zu[79].
Der Geschmacksmusterschutz wird beschränkt zugunsten überwiegender Belange des kulturellen und wirtschaftlichen Lebens[80] sowie bestimmter Interessen einzelner[81].

bb) Verwandte Schutzrechte

Das UG schützt in seinem 2. Teil weitere geistige Leistungen, die zwar in der Regel einen individuellen Einsatz verlangen, der Leistung des Urhebers ähnlich sind oder in Zusammenhang mit Werken der Urheber erbracht werden, jedoch nicht der schöpferischen Leistung des Urhebers eines Werks gleichgestellt werden können[82]. Derartige Leistungen sind von urheberrechtlich geschützten Werken wesensmäßig verschieden[83].
Im Gegensatz zum Urheberrecht werden nur ausdrücklich im Gesetz genannte Leistungen geschützt[84]. Die Leistungsschutzrechte können wie das Urheberrecht

---

[74] Gesetz, betreffend das Urheberrecht an Mustern und Modellen vom 11. Jan. 1876 (GMG).
[75] § 1 GMG.
[76] § 7 GMG.
[77] § 8 II GMG.
[78] § 5 GMG; *Hubmann,* Gewerblicher Rechtsschutz, S. 188f.
[79] *Hubmann,* a. a. O.
[80] §§ 4, 6 Nr. 2, 3 GMG.
[81] § 6 Nr. 1 GMG.
[82] Begründung S. 33, 34 = UFITA, Bd. 45 (1965) S. 247.
[83] Nach *Hubmann,* S. 40, wird bei einer Leistung nur eine individuelle Tätigkeit einem geistigen Gut gewidmet, ohne daß der subjektive Geist selbst in das Ergebnis eingeht und ihm das Gepräge gibt. „Deshalb ist . . . die Person dessen, der die Leistung erbringt, meist auswechselbar, ohne daß das Ergebnis ein wesentlich anderes ist, bei Schöpfungen dagegen ist die Person des Urhebers nicht vertretbar." Vgl. dazu *Schmieder* UFITA Bd. 73 (1975) S. 82 (V 1.).
[84] *Fromm/Nordemann* 5 vor § 70.

sowohl vermögensrechtliche wie persönlichkeitsrechtliche Befugnisse umfassen; sie unterliegen jedoch auch den Beschränkungen des Urheberrechts[85]. Persönlichkeitsrechtlichen Schutz genießen die ausübenden Künstler gegen Entstellungen oder Beeinträchtigungen, die geeignet sind, ihr Ansehen oder ihren Ruf als ausübende Künstler zu gefährden[86]. Auch die Leistungsschutzrechte des Filmherstellers an Filmwerken[87] beinhalten ein Verbotsrecht gegen Entstellungen und Kürzungen des Bild- oder Bild- und Tonträgers[88]. Dem urheberpersönlichkeitsrechtlichen Schutz entsprechenden Schutz genießen der Verfasser wissenschaftlicher Ausgaben und der Lichtbildner[89].

cc) Wettbewerbsrecht

Anders als das Urheberrecht schützt das Wettbewerbsrecht nicht die kulturelle, sondern die unternehmerische Leistung[90]. Urheberrecht wie Geschmacksmusterrecht stellen gegenüber dem Wettbewerbsrecht gleichrangige Spezialregelungen dar[91]. Durch die Sonderregelung zugelassene Handlungen[92] sind nicht wettbewerbswidrig, es sei denn, besondere Unlauterkeitsmerkmale treten hinzu[93]. Nicht urheber- oder geschmacksmusterschutzfähige Erzeugnisse können durch das Wettbewerbsrecht geschützt werden.

2. Problematik bezüglich moderner Kunst

a) Bedeutung der Definition des Schutzgegenstandes

Der dargestellte Schutz des Urheber-, Geschmacksmuster- und Leistungsschutzrechts wird geistigen Leistungen auf kulturellem Gebiet gewährt. Weitaus am stärksten geschützt werden Werke der Literatur, Wissenschaft und Kunst, die **persönliche geistige Schöpfungen** sind. Der Urheber eines als „Werk“ beur-

---

85 *Oekonomidis* S. 53, siehe auch Begründung S. 33, 34 = UFITA Bd. 45 (1965) S. 247.
86 § 83 UG.
87 Geregelt im 3. Teil des UG (§§ 88 bis 95), den z. B. *Fromm/Nordemann* für wenig glücklich gefaßt hält, vgl. Anm. 4 vor § 88.
88 §§ 94 Abs. 1, 89 UG. Zur Problematik und dogmatischen Einordnung dieser Regelung vgl. *Fromm/Nordemann* § 94,3; *Oekonomidis* S. 53 m. w. N.
89 §§ 70, Abs. 1, 2; 72, Abs. 1 UG.
90 *Hubmann* S. 65.
91 Allg. Ansicht: *v. Gamm,* WB- und WZ-Recht Bd. 2, 5. Kapitel Anm. 5; *Fromm/Nordemann* § 1,3.
92 z. B. die Verwertung eines nach Ablauf der Schutzfrist gemeinfrei gewordenen Werks oder die gemäß § 24 UG freie Benutzung eines Werks.
93 BGHZ 5, 1, 10f. „Hummelfiguren I“; BGHZ 44, 288, 295f. = UFITA Bd. 47 (1966) S. 258, 265f. „Apfel-Madonna“; *Baumbach/Hefermehl* § 1, 454f.; *v. Gamm,* a. a. O.

teilten Erzeugnisses hat gegenüber z. B. dem Urheber eines Geschmacksmusters oder dem Inhaber eines Leistungsschutzrechts gemäß den §§ 70ff. UG wesentliche, insbesondere wirtschaftliche Vorteile.
Die Bestimmung des Schutzgegenstandes des Urheberrechts ist insofern von besonderer Bedeutung. Sie hat zunächst eine klare Abgrenzung zwischen geschützten und ungeschützten künstlerischen Erzeugnissen zu ermöglichen. Darüberhinaus kann eine sowohl die Interessen der Urheber wie der Allgemeinheit befriedigende Regelung nur dann erfolgen, wenn die Definition dem zu regelnden Lebensbereich, der Kunst, gerecht wird, wenn sie nämlich Erscheinungen und Erkenntnisse auf dem Gebiet der Kunst ausreichend berücksichtigt.
Das geltende Recht bestimmt die persönliche geistige Schöpfung als urheberrechtlich zu schützendes Werk. So oder ähnlich[94] wird der Schutzgegenstand des Urheberrechts schon seit Beginn dieses Jahrhunderts in Rechtsprechung und Rechtslehre definiert, während sich die Kunst in dieser Zeit weiterentwickelt hat.
Im folgenden seien beispielhaft einige Erzeugnisse des Kunstschaffens dieser Zeit, insbesondere die der sogenannten Anti-Kunst aufgeführt[95]. Dabei soll Anti-Kunst nicht im eng dadaistischen Sinne verstanden[96], sondern allgemeiner für im Widerspruch zur bisherigen Ästhetik stehende, anti-ästhetische[97] Erscheinungen verwandt werden.

b) Beispiele moderner Kunst

aa) Aleatorische Computerkunst

Seit einiger Zeit schon werden Computer dazu benutzt, Bilder, Musikstücke und Texte herzustellen. Dabei besteht die Möglichkeit, die Maschine lediglich als Werkzeug, so wie den Pinsel oder ein Musikinstrument, zu benutzen. Bei Eingabe eines Programms entsteht ein ganz bestimmtes Werk, das beliebig reproduziert werden kann[98].
Von größerem Interesse sind jedoch mit Hilfe des Zufalls hergestellte Computer-Erzeugnisse. Da diese sogenannte aleatorische Computer-Kunst gleich zwei Elemente des urheberrechtlichen Werkbegriffs in Frage stellt, nämlich erstens das der **persönlichen** Schöpfung (wegen der maschinellen Entstehungsweise) und außerdem das der **geistigen** Schöpfung (wegen der Einbeziehung des Zufalls), ist sie für die juristische Erörterung besonders geeignet. Die Frage der

---

94 Vgl. Anm. 6, 7.
95 Die Beispiele wurden im Hinblick auf den urheberrechtlichen Werkbegriff ausgewählt; die Vernachlässigung anderer, evtl. bedeutenderer Werke stellt also kein Werturteil dar.
96 Siehe dazu *Thomas*, Stichwort „Anti-Kunst“.
97 Ausführlich *Wendt* S. 50ff., insbesondere S. 51 Anm. 5; *Ohff* S. 8ff., 34.
98 Beispiel 1 „Hello“.

urheberrechtlichen Schutzfähigkeit moderner Kunst wurde im wesentlichen in Bezug auf die (aleatorische) Computerkunst behandelt[99].
Um auf diese Meinungsäußerungen eingehen zu können, sei kurz die Entstehungsweise aleatorischer Computer-Erzeugnisse dargestellt[100].
Ausgegangen wird von dem jedem Werk zugrunde liegenden Programm, dessen Elemente sind: ein (endliches) Repertoire R von Zeichen, eine (endliche) Menge M von Regeln, diese Zeichen miteinander zu verknüpfen, und eine Intuition I, nach der diese Zeichen und Regeln aus R bzw. M ausgewählt werden können[101].
In der Literatur ist R der Wortvorrat einer oder mehrerer Sprachen, kann aber auch der Buchstabenvorrat sein, M sind die Regeln der Grammatik und Syntax; in der Musik sind es die Menge der verschiedenen Töne und Klänge (R) bzw. die Regeln der Harmonielehre etc. (M) und in der bildenden Kunst Farben und Formen (R) und Kompositionsmöglichkeiten (M).
Die Intuition, die bei der Maschine nicht vorhanden ist, muß simuliert werden. Dies geschieht durch Anwendung von Zufallsgeneratoren, die nach dem Prinzip des Würfels arbeiten. Zwar gehorchen die so gefundenen Ergebnisse Wahrscheinlichkeitsgesetzen, doch ist der jeweils nächste Wurf, die nächste Zahl nicht vorauszusagen. Die Folge dieser Zahlen ist „stochastisch", d. h. es gibt keine Möglichkeit, aus der Kenntnis der bisherigen Zahlen die zukünftigen zu ermitteln[102].
Stochastische Zahlen können mit elektrischen Schaltungen erzeugt werden, indem z. B. ein radioaktives Präparat zu unbestimmten Zeitpunkten Elementarteilchen aussendet, die in einem Zählrohr kurze elektrische Impulse hervorrufen. Diese werden einem Zähler zugeführt. Je nach Umfang der Repertoires bzw. der Menge der Verknüpfungen hat der Zähler eine verschiedene Anzahl von Stellungen[103]. Zu bestimmten Zeitpunkten wird die unvoraussagbare Stellung des Zählers nach außen signalisiert.

---

[99] Siehe unten unter II 1 a; Beispiel 2 „Flur" (*Nees* S. 13).

[100] Vgl. zu Einzelheiten der Herstellung von aleatorischer Computer-Musik *Hiller,* -Graphik *Nake, Nees,* -Literatur *Krause/Schaudt, Gunzenhäuser.*

[101] *Nake* S. 131.

[102] Vgl. dazu und zum folgenden *Steinbuch* S. 84.

[103] So muß er, will man Wörter erzeugen, die Anzahl der Buchstaben haben; für eine pentatonische Melodie sind dagegen nur 5 Stellungen notwendig. Weitere Beispiele sind Gunzenhäusers „Weihnachtsgedicht" aus dem nicht ausgeschöpften Repertoire von 10 Substantiven und Adjektiven (MTW 63, Heft 1, S. 4 bis 9), sowie das Gedicht von *Krause-Schaudt,* S. 53, aus zwei Substantiven und zwei Verben.

Der Schnee ist kalt
und jeder Friede ist tief
und kein Christbaum ist leise
oder jede Kerze ist weiss
oder ein Friede ist kalt
oder nicht jede Kerze ist rein
und jeder Friede ist still
oder jeder Friede ist weiss
oder das Kind ist still
ein Engel ist überall.

Wonnen blinken
Sonnen winken
Wonnen winken
Sonnen blinken

Neben diesen stochastischen Zahlen gibt es noch die sogenannten Pseudo-Zufallszahlen, die, von einer Ausgangszahl ausgehend, nach festen Regeln und Formeln berechnet werden[104]. Da das Verfahren völlig determiniert ist, die Zahlen also durch Angabe der ersten Zahl und der Bildungsgesetze bestimmt sind, sind sie zwar nicht zufällig im üblichen Sinne, lassen sich jedoch auch für die Erzeugung von Computer-Kunst verwenden.
Das ästhetische Programm muß in ein Maschinenprogramm übersetzt werden, um von der Maschine verstanden zu werden[105].
Bei Anwendung dieses Programms entsteht nicht ein bestimmtes, einmaliges Werk, sondern viele Werke einer bestimmten Klasse[106]. Die Struktur dieser Klasse kann bei der Aufstellung des Programms bestimmt werden.
Die Maschine arbeitet nur nach den eingegebenen Informationen, so daß das Programm jeden einzelnen Schritt und Arbeitsgang enthalten muß. Auch die Einbeziehung des Zufalls ändert nichts daran, daß die Arbeit einer Rechenanlage von einem vom Menschen aufgestellten Programm abhängig ist. Sie ist nur ein Hilfsmittel des Menschen. Der Grenzfall reinster Kybernetik, eine Maschine, die selbst alle vorhandenen Elemente kombiniert, ohne vom Menschen irgendwie bestimmt zu werden[107], kann deshalb nicht eintreten[108].

bb) Ready-made

Während die mit Computern hergestellten Graphiken, Gedichte oder Musikkompositionen auch bei Laien noch den Eindruck von Kunstwerken hervorrufen, ist dies bei einer anderen Kunstrichtung, den sogenannten ready-mades, schon zweifelhaft.
Es handelt sich dabei um vorgefundene Gegenstände, die zu Kunstwerken erklärt werden[109]. Geistiger Ahnherr ist *Marcel Duchamp,* der auch den Begriff prägte[110]. Berühmte ready-mades *Duchamps* sind der 1914 präsentierte Flaschentrockner[111] sowie das 1917 zu einer Aussstellung in New York eingereichte Urinoir mit dem Titel „Fountain".

---

104 *Nake* S. 131 mit Beispiel.

105 Ausführlich *Nake* S. 128ff.

106 *Nake* S. 135f.

107 *Kummer* S. 187.

108 *Nake* S. 128f.: Die Rechenanlage tut genau das und nichts anderes, was Menschen ihr gesagt, ihr eingegeben haben. Selbst unter der Annahme, sie habe Informationen von einer anderen Maschine erhalten oder sie sei von anderen Maschinen entworfen worden, sind ihre Tätigkeit und Existenz Ergebnisse menschlicher Planung, da von Menschen ja jene erste Generation von Maschinen erzeugt wurde.

109 Abzugrenzen davon sind die sogenannten „objets trouvés", vorgefundene Gegenstände, die verändert oder mit anderen kombiniert oder in ein Bild aufgenommen werden. Vgl. dazu *Thomas*, Stichwort „objet trouvé", *Ohff* S. 25f.

110 Er verstand darunter ein „objet usuel promu à la dignité d'objet d'art par le simple choix de l'artiste" (zitiert nach *Wendt,* Vorbemerkung).

111 Beispiel 3.

Zu Kunstwerken ernannt wurden auch Bierfilze[112] und Konservenbüchsen[113], wobei die Signierung durch den „Künstler" diesen Akt manifestierte. Neuere Beispiele sind die von Dieter Roth in Dutzenden von Aktenordnern gesammelten „Flachen Objekte"[114], wie Briefumschläge, Bonbonpapier, Kassenbons u. ä. mehr.
Dieser Richtung zuzuzählen sind auch die sogenannten „Fallenbilder" *Daniel Spoerris*[115], bei denen alle Gegenstände auf einem Tisch, z. B. nach einem Essen, in ihrer zufälligen Lage fixiert und zusammen mit dem Tisch an die Wand gehängt werden[116].
Ready-mades sind auch im literarischen oder musikalischen Bereich möglich, etwa bei der Präsentierung des Alphabets[117], eines einzelnen Buchstabens[118] oder einer Seite aus einem Telephonbuch, bzw. von Alltagsgeräuschen wie Straßenbahnlärm oder Schreibmaschinengeklapper[119].
Künstler erklärten nicht nur vorgefundene Gegenstände, sondern sogar sich selbst zum Kunstwerk[120]. Als einer der ersten hat sich *Timm Ulrichs* in einem Glaskasten ausgestellt, ein lebendes[121] ready-made[122].
Bei allen Werken dieser Richtung erschöpft sich das Schaffen des Künstlers in der bloßen Präsentation.

---

112 1914 von *Duchamp*; nach *Restany* (mit der Ansicht *Motherwells*) in *Becker-Vostell*: S. 101.

113 Von *Andy Warhol*; *Weber* S. 18; *Crone* S. 71 f.

114 Katalog Dieter *Roth*, Nr. 186. Derartige Objekte werden nicht zu den ready-mades gezählt, sie gehören zum Bereich der „Spurensicherung". In diesem Zusammenhang, in dem es nur um die bloße Präsentierung vorgefundener Gegenstände geht, ist diese Unterscheidung jedoch ohne Bedeutung.

115 Beispiel 5 „Kichkas Frühstück"; vgl. dazu seine „Anekdoten zu einer Topographie des Zufalls". Wie Roths Objekte gehören auch die Fallenbilder nicht zu den ready-mades im engeren Sinne.

116 Ihr Vorläufer ist der (allerdings leere) Teller auf dem (gemalten) Tisch von *Ivan Puni* (Jean Pougny), 1919. Beispiel 6.

117 *Schwitters* (allerdings rückwärts) in *Schwitters:* Das literarische Werk Bd. 1 S. 205, 206; vgl. auch den Schluß seiner Ursonate, a. a. O. S. 242.

118 *Schwitters* im sogenannten i-Gedicht a. a. O. S. 206 (lies: rauf, runter, rauf, Pünktchen drauf).

119 Beispiele bietet die musique concrète *Pierre Schaeffers* (seit 1948), vgl. dazu *Prieberg* S. 103ff., sowie ihre Vorgängerin, die Geräuschmusik des Futuristen *Russolo* (seit 1913), siehe dazu *Thomas,* Stichwort „Geräuschmusik", *Prieberg* S. 103.

120 Siehe z. B. Katalog der documenta 5, 1972, 16.65ff. *(A. Rainer)*; 16.107f. *(Gilbert & George)*.

121 Der Vollständigkeit halber sollen auch die sterbenden erwähnt werden. Bisher wurden zwei Fälle bekannt, in denen Selbstverstümmelung, Sterben und schließlich Tod als Kunstwerk präsentiert wurden. Zu *Schwarzkogler* siehe Katalog d 5, 16.73; *Ohff* S. 178; zu *Fare* siehe *Ohff* S. 178f. m. w. N.

122 *Ohff* S. 175.

cc) *Nichts als Kunstwerk*

Mit ähnlich minimalem Aufwand wurden Werke geschaffen, die kaum noch oder gar keinen Inhalt mehr aufzuweisen scheinen.
Schon die suprematistischen Bilder *Malewitschs*[123] sind Beispiele dieser Reduktion. Eine weitere Vereinfachung findet statt in monochromen Bildern wie z. B. von *Yves Klein,* Bildern, die sich auf eine einzige Farbe, etwa Blau beschränken[124]. Zur Monochromie ist auch *Fontana* zu zählen, der den monochromen Charakter der Bildfläche dadurch unterstreicht, daß er in die einfarbige Leinwand sticht oder sie aufschlitzt[125].
Ein Endpunkt scheint erreicht mit der Eliminierung auch der Farbe, der Präsentierung eines weißen, unbemalten Blattes[126]. Urheber eines derartigen Werks ist *Robert Rauschenberg,* der dabei auch den Vorgang der Reduzierung, den Verzicht auf Inhalt, mit einbezog. Er radierte eine *de-Kooning*-Zeichnung aus und stellte das nunmehr leere Blatt als einen „von Rauschenberg ausradierten de Kooning" aus[127].
Die Herbeiführung des Nichts wird auch in den von *Jean Tinguely* konstruierten Maschinen erkennbar, die sich mittels eingebauter Sprengsätze innerhalb kurzer Zeit selbst zerstören[128].
Das Nichts als Kunst gibt es auch in der Musik. Das „Blank song paper" von *Charles Ives* ist ein leeres Notenblatt, das lediglich seine Signatur und ein Wiederholungszeichen enthält[129]. Es soll also zweimal geschwiegen werden. Zur Interpretation des (dreisätzigen) Stückes 4'33 von *John Cage* sitzt der Pianist 4 Minuten und 33 Sekunden am Flügel, ohne einen Ton zu spielen[130].

---

123 z. B. das berühmte „Schwarze Quadrat auf weißem Grund" (1915), „die Erfahrung der reinen Gegenstandslosigkeit". Ihm folgen konsequenterweise ein „Schwarzes Quadrat auf schwarzem Grund" und ein „Weißes Quadrat auf weißem Grund" (vgl. *Hofmann* S. 362, *Ohff* S. 42).

124 Monochrom weiße Bilder malten u. a. auch *Ferrari* (seit 1934), *Manzoni* (*Ohff* S. 120f.) und *Rauschenberg* (*Rotzler* S. 145).

125 *Ohff* S. 120: „Durch einen zerstörerischen Eingriff, einen Anti-Kunst-Akt, geschieht etwas eindeutig Pro-Künstlerisches: die Schönheit einfarbiger Bildsubstanz wird bewußt gemacht." Siehe auch Beispiel 7.

126 Ein derart ‚vollkommenes' Bild hat schon *Morgenstern* als „Exlibris" vorgeschwebt: In „Palma Kunkel" (1916)

> Ein Anonymus aus Tibris
> sendet Palman ein Exlibris.
> Auf demselben sieht man nichts
> als den weißen Schein des Lichts.
> Nicht ein Strichlein ist vorhanden.
> Palma fühlt sich warm verstanden.
> Und sie klebt die Blättlein rein
> allenthalben dankbar rein.

127 *Weber* S. 24.

128 Vgl. dazu *Holz* im Katalog d 5, 1.77; *Ohff* S. 116.

129 In *Cage:* Notations; Beispiel 9.

130 *Ohff* S. 87f., siehe dazu auch *J. Cage* in *Becker-Vostell,* S. 163f.

3. Fragestellung

Das urheberrechtlich schützbare Werk wird – wie schon oben dargestellt – seit Anfang des Jahrhunderts im wesentlichen gleich definiert, orientiert sich also an Kunstwerken dieser Zeit. Von diesen Werken unterscheiden sich die angeführten Beispiele des Kunstschaffens neuerer Zeit erheblich. Auf den urheberrechtlichen Werkbegriff scheinen die modernen Werke keinen Einfluß genommen zu haben. Es erhebt sich deshalb die Frage:

1) Werden derartige Erzeugnisse von der Definition des § 2 Abs. 2 UG (persönliche geistige Schöpfung) erfaßt?

Für den Fall, daß diese Frage verneint werden muß, ist weiter zu fragen:

2) Besteht für derartige Erzeugnisse ein Schutzbedürfnis?

Bei negativer Antwort ergibt sich, daß der geltende Werkbegriff den Erfordernissen entspricht; hält man Erzeugnisse wie die hier angeführten jedoch für schützenswert, ist zu fragen:

3) Welche Möglichkeiten bestehen, sie zu schützen?

und in Zusammenhang damit

4) Welche Auswirkungen hätte die Zuerkennung des Urheberschutzes?

II. Untersuchung

1. Schutzfähigkeit nach geltendem Recht

a) Zufalls- insbesondere aleatorische Computerkunst

Autoren, die hohe Anforderungen für die Zubilligung des urheberrechtlichen Schutzes stellen, lehnen es – natürlich – ab, derartige „Gebilde", „Machwerke"[131] oder „kurzlebigen Verrücktheiten"[132] als Werke im Sinne des § 2 Abs. 2 UG einzustufen. Im übrigen beschäftigen sich Stellungnahmen der Literatur zur Schutzfähigkeit moderner Kunst unter Zugrundelegung des geltenden Werkbegriffs im wesentlichen mit Computer-Erzeugnissen.

aa) Ablehnung durch die herrschende Meinung

Vorherrschend[133] ist die von *Fabiani*[134] und *Fellerer*[135] begründete und später von *Möhring*[136] näher ausgeführte Ansicht, daß computer-erzeugte Stücke zwar urheberrechtlich geschützt werden können, jedoch nur, wenn der Programmierer bei der Niederschrift des Programms vor Augen hat, welches konkrete Stück der Computer erzeugen wird[137]. Der Mensch soll künstlerisch über die endgültige Form entscheiden[138]. Nur wenn die Maschine technisches Hilfsmittel des schaffenden Menschen ist[139], wenn das Ergebnis durch das Programm genau determiniert ist, liegt eine persönliche geistige Schöpfung vor.
Ungefähre Vorstellungen, etwa im Rahmen der mathematischen Möglichkeiten des Programms[140], reichen zur Erlangung der urheberrechtlichen Schutzes nicht aus, selbst wenn die Auswahlmöglichkeiten des Zufallsgenerators stark eingeengt wurden[141].
Der Urheberschutz wird diesen Erzeugnissen also nicht deshalb versagt, weil sie von einer Maschine hergestellt werden. Man hat erkannt, daß Maschinen nicht

---

131 *Schramm* UFITA Bd. 51 (1968) S. 75.
132 *Jöstlein* FS Roeber S. 239.
133 *Fromm/Nordemann* § 2,5; *Gerstenberg* § 2,16; *Hubmann* S. 86; *Ulmer* GRUR 1968, 529; *v. Gamm* UR S. 177f.; *Brutschke* S. 49f.
134 GRUR Int. 1965, 422ff.; InterGU Schriftenreihe Bd. 37, 59ff.
135 InterGU Schriftenreihe Bd. 37, 5ff.
136 UFITA Bd. 50 (1967) S. 835ff.
137 *Möhring*, a. a. O. S. 843.
138 *Fabiani* GRUR Int. 1965, 424.
139 *Fromm/Nordemann* § 2,5; *Samson*, UFITA Bd. 72 (1975) S. 98.
140 *Möhring*, a. a. O.
141 *Brutschke* S. 49.

eigenschöpferisch tätig sein können[142]. Entscheidend für die Ablehnung der Urheberschutzfähigkeit ist, daß der Zufall bei der Entstehung beteiligt ist und insofern nicht von einer geistigen Schöpfung gesprochen werden kann[143]. Dementsprechend wird den nicht maschinell hergestellten[144] Zufallswerken von den Vertretern dieser Meinung ebenfalls kein Schutz gewährt[145].

bb) Schutz auf Grund der Auswahl

Nach Ansicht von *Schmieder*[146] besteht jedoch bei sinngemäßer Auslegung des geltenden Rechts die Möglichkeit, aleatorische Computer-Erzeugnisse oder sonstige Maschinenkunst zu schützen. Er geht davon aus, daß nicht das erste beste Zufallsprodukt schon „Kunst" ist; der Künstler wird vielmehr nur diejenigen Ergebnisse ausstellen, die ihm irgendwie aussagekräftig erscheinen[147]. Insofern liegt bei der „maschinellen Kunst" der Schwerpunkt der geistig-künstlerischen Leistung in der Auswahl, vergleichbar z. B. dem Verfahren des Photographen, der aus einer Serie von Aufnahmen die in seiner Sicht gelungenste zur Veröffentlichung auswählt[148].
Gestützt wird dies auf § 12 Abs. 1 UG, wonach der Urheber die Befugnis hat, zu bestimmen, ob und wie sein Werk zu veröffentlichen ist. Vor Beginn jeder Werknutzung muß sich also die geistig-persönliche Beziehung zum opus in statu nascendi zu dessen Anerkennung als „veröffentlichungsreif" entwickelt und verdichtet haben.
Die Auswahl, das Sich-Zurechnen eines zufällig entstandenen Gebildes nebst seiner technischen Herstellungsweise verschafft diesem eine persönliche Komponente[149]. Daß allein die Auswahl eine persönliche geistige Schöpfung darstellen kann, ergibt sich nach Schmieder auch aus § 4 UG, betreffend den Schutz an Sammelwerken.
Ausgehend davon, daß (infolge der s. E. dem Kunstbegriff immanenten Undefinierbarkeit seines Inhalts[150] letztlich die künstlerische Wahl schlechthin für die Konstituierung des urheberrechtsfähigen Werkes ausschlaggebend sei, stellt *Schmieder* folgenden Katalog der urheberrechtlichen Schutzvoraussetzungen auf[151]:

---

[142] *Stickel* (zitiert nach *Samson* UFITA 56, 117) S. 120: Die gelieferten Ergebnisse sind immer so gut oder so schlecht wie das Programm oder die Daten, die der Mensch in die Anlage eingegeben hat.
[143] Vgl. *Fromm/Nordemann* § 2,4.
[144] z. B. durch Werfen von Farbbeuteln auf eine Leinwand.
[145] Siehe *Gerstenberg* Einl. 6; *Fromm/Nordemann* § 2,4; *Brutschke* S. 47; *v. Gamm* UR § 2,12; *Jöstlein* FS Roeber S. 340.
[146] UFITA Bd. 52 (1969) S. 107 ff., 109; ähnl. auch in NJW 1976, 81 ff.
[147] S. 111.
[148] S. 111.
[149] S. 112.
[150] NJW 1976, 81.
S. 113.

1) Das Werk muß auf ästhetischem Gebiet objektiv neu sein.
   (Originalität)
2) Es muß als Kunstwerk im soziologischen Sinne nutzbar sein.
   (Marktfähigkeit)
3) Es muß auf persönlicher Urheberschaft beruhen, jedoch nicht notwendig im Sinne einer bewußt geplanten handwerklichen Herstellung, sondern ebensogut im Sinne der individuellen Auswahl und Präsentation eines außerpersonalen (durch Zufall, Maschinen usw. hervorgebrachten) Produkts.
   (Individualität)
4) Der Urheber muß sich zu seinem „Werk“ als einem gelungenen, veröffentlichungsreifen oder sonst (z. B. im Wege weiterführender Interpretation) nutzbaren Erzeugnis subjektiv bekennen.
   (Identifikation)

Die noch nicht vom Künstler gebilligten Entwürfe, Skizzen etc. sollen nicht durch das Urheberrecht, sondern rein persönlichkeitsrechtlich geschützt werden[152].

cc) Schutz wegen Gleichwertigkeit

Unabhängig vom Willen des Künstlers sollen nach *Fromm*[153] alle auch zufälligen Computer-Erzeugnisse urheberrechtlich geschützt sein. Da sie sich kaum oder gar nicht von persönlich hergestellten Werken unterscheiden ließen, müsse ihnen wegen der künstlerischen Gleichwertigkeit Urheberrechtsschutz zugebilligt werden.

dd) Schutz bei Mindestmaß an gestaltender Qualität

Demgegenüber hält *Samson*[154] die kaum unterschiedliche Wirkung nicht für ausschlaggebend. Auch sei bei gleichartigen Computer-Erzeugnissen und z. B. konkreten Gedichten zu prüfen, ob letztere einen geistig-seelischen Gehalt und ein Mindestmaß an gestaltender Qualität aufweisen. Sei wie etwa bei dem Gedicht von *Edwin Morgan*[155] deren Vorhandensein zu verneinen, so entfalle auch die Folge, gleichrangige Computer-Leistungen als Kunstwerke zu behandeln[156].

---

152 S. 113f.
153 GRUR 1964, 305.
154 UFITA Bd. 56 (1970) S. 143.
155 Bei *Samson* S. 145 Chinese cat

pmrk gniacou
pmrk gniao
pmrkniao
pmriao
pmiao
miao
mao

156 S. 144f.

Während er zunächst[157] in Betracht zog, das Computer-Programm als Sprachwerk oder Tonwerk (Partitur) anzuerkennen bei Erstreckung auf die durch die Zufallsbearbeitung bereicherte Vervielfältigung durch den Computer, hat er später[158] als Lösung de lege ferenda vorgeschlagen, für Computererzeugnisse ein dem Urheberrecht verwandtes Schutzrecht zu begründen und sie ebenso zu behandeln wie Lichtbildwerke und Lichtbilder, ihnen also einen 25jährigen Schutz zu gewähren. Er begründet dies mit der Ähnlichkeit des Produktionsprozesses; in beiden Fällen werde nämlich das Werk mittels Einschaltung eines Apparats bzw. eines Automaten geschaffen.
Für eine derartige Verkürzung der Schutzfrist plädiert auch *Wassner*[159], der im übrigen für die urheberrechtliche Schutzfähigkeit von Zufallswerken ebenfalls ein gewisses Maß an Komplexität voraussetzt.

ee) Schutz wegen Einbeziehung der Aleatorik ins Programm

Nach *Weissthanner*[160] sind Computer-Erzeugnisse, selbst wenn sie mit Zufallsgenerator entstanden sind, Werke im Sinne des § 2 Abs. 2 UG. Die Aleatorik werde ins Programm mit einbezogen. Bei der Programmierung werde durch entsprechende Anweisungen der Rahmen abgesteckt, innerhalb dessen sich ein aleatorischer Prozeß abspielen soll.

ff) Schutz für Spoerris „Fallenbilder"

Entsprechend argumentiert *Dietz*[161] bei seiner Untersuchung der urheberrechtlichen Schutzfähigkeit der „Fallenbilder" *Daniel Spoerris.* Er faßt sie jedoch nicht als vorgefundene Gegenstände auf, sondern als Ergebnisse eines von *Spoerri* inszenierten aleatorischen Prozesses, bei dem „am Anfang das Programm, die Vorstellung von einem Ergebnis, dessen endgültige Gestalt durch das Zusammenwirken gesteuerter und zufälliger Elemente bestimmt sind" stehen[162].

---

157 S. 143. Als Sprachwerke werden Computer-Programme u. a. auch angesehen von *Köhler* S. 84ff., *Ulmer:* UrhSchutz wiss. Werke S. 13ff., siehe dazu auch *Girth* S. 99 m. w. N. A. A. *Troller* UFITA Bd. 50 (1967) S. 418.
158 UFITA Bd. 72 (1975) S. 101.
159 S. 60ff. (63).
160 S. 72ff. – A. A. *Tetzner* JZ 1975, 656f., der im übrigen bei den von ihm als experimentell bezeichneten Kompositionen auf den Einzelfall abstellt, wobei jedoch nicht deutlich wird, ab wann eine „Konkretisierung eines musikalischen Gedankens" vorliegt, die einen „persönlichen, geistigen Inhalt" deckt.
161 FS Ulmer S. 3ff.
162 S. 5f.

b) Allgemeine Ablehnung des Urheberschutzes für vorgefundene Gegenstände

Während bei den „Fallenbildern" noch ein Programm der Herstellung zugrundeliegt, eine Subsumtion unter den Werkbegriff damit noch möglich ist, wird Gegenständen, die lediglich vom Künstler präsentiert werden, den ready-mades, der Urheberrechtsschutz versagt, da sie weder persönlich noch geistig und auch keine Schöpfungen seien. Der Präsentation soll in diesem Zusammenhang keine Bedeutung zukommen[163].

Gerstenberg[164] vergleicht die Präsentation eines Gegenstands mit der Leistung des Lichtbildners, der einen Gegenstand photographiert, und ist insofern bereit, dem Präsentanten ein entsprechendes Leistungsschutzrecht[165] zuzubilligen.

c) Allgemeine Ablehnung des Schutzes für sonstige Anti-Kunst

Schon die Untersuchung und Ablehnung der Schutzfähigkeit präsentierter vorgefundener Gegenstände erfolgte erst als Reaktion auf die Präsentationstheorie *Kummers*[166]. Erst recht mußten monochrome Bilder, ein Schnitt in einer Leinwand oder das Schweigen bzw. Nicht-Spielen[167] als offenkundig nicht schutzfähig erscheinen.

Zur Charakterisierung der vorherrschenden Ansicht möge folgende kleine Blütenlese dienen[168].

„Nicht-Kunst besitzt keine individuelle Eigenart"[169]. „Derartige Erzeugnisse kann jedermann herstellen; das Urheberrecht schützt aber nur, was nicht jeder kann"[170]. „Für Werke der Anti-Kunst kann das Urheberrecht nicht das richtige Schutzrecht sein"[171].

Festzustellen ist also, daß von allen eingangs aufgeführten Beispielen lediglich der aleatorischen Computerkunst und den „Fallenbildern" *Spoerris* bei Zugrunde-

---

163 *Ulmer* GRUR 1968, 529; *Samson* UFITA Bd. 56 (1970) S. 216; *Gerstenberg* FS Wendel S. 96f. Auch *Schmieder* läßt die ready-mades ungeschützt. Die „geistige Schöpfung als Auswahl und Bekenntnis" gilt nur für vom Künstler hergestellte, nicht aber für vorgefundene Gegenstände. Vgl. S. 112 und 113 Punkt 3.

164 FS Wendel S. 97.

165 Vgl. § 72 UG.

166 S. 75ff., 80. Dazu unten II 3a aa, dd.

167 von ausradierten Zeichnungen, sich selbst präsentierenden oder gar sterbenden Künstlern ganz zu schweigen.

168 Siehe dazu auch unten Fn 400.

169 *Fromm/Nordemann* § 2,6d.

170 *Fromm/Nordemann*, a. a. O.

171 *Gerstenberg* FS Wendel S. 97 unter 4).

legung eines künstlerischen Programms von einer Mindermeinung Werkqualität im Sinne des § 2 Abs. 2 UG zugesprochen wird.
Im übrigen genießt derartige Kunst keinen urheberrechtlichen Schutz.

2. Schutzbedürfnis

Die überwiegende Meinung, unter Anwendung des § 2 Abs. 2 UG derartigen Erzeugnissen der modernen Kunst den Urheberrechtsschutz zu versagen, wäre zu akzeptieren, wenn für diese Werke kein Schutzbedürfnis bestünde. Ohne weiteres kann ihnen dies jedoch nicht abgesprochen werden.

a) Anerkennung als Kunstwerk durch die Kunstwissenschaft

Das Urheberrecht schützt Werke der Literatur, Wissenschaft und Kunst, kurz gesagt Kunstwerke. Die Anerkennung der genannten Beispiele als Kunstwerke durch Meinungen innerhalb der Kunstwissenschaft könnte sie den schon geschützten Werken gleichstellen und insofern für ein Schutzbedürfnis auch bezüglich dieser Erzeugnisse sprechen.
Zwar handelt es sich bei dem Begriff des Werks im Urheberrecht um einen Rechtsbegriff, der grundsätzlich juristisch bestimmt werden muß, doch darf sich die Rechtswissenschaft nicht völlig von dem zu regelnden Bereich abkapseln und die Ergebnisse und Erkenntnisse der Spezialwissenschaft außer Acht lassen[172]. Eine diesen Erkenntnissen nicht entsprechende, abweichende juristische Entscheidung ist nur zulässig, wenn die Abweichung sachlich geboten ist. Eine Bewertung aufgrund einer bevorzugten Kunstanschauung allein rechtfertigt die Versagung des Urheberrechtsschutzes für von anderen als Kunstwerke anerkannte Werke jedoch nicht.
Für die Einstufung als Kunstwerk spricht schon die Tatsache, daß die angeführten Beispiele und vergleichbare Werke in Museen und Sammlungen ausgestellt, auf dem Kunstmarkt gehandelt werden[173] und als Gegenstand kunstwissenschaftlicher Erörterung dienen[174]. Vor allem ist jedoch festzustellen, daß der Verzicht

---

[172] *Troller* S. 409.

[173] Vgl. dazu die Ranglisten in Capital 10/1974 S. 66ff., 11/1975 S. 212ff., 10/1976 S. 216ff., (Kunstkompaß), denen Ausstellungen und Erwähnungen in der Literatur zugrundeliegen und in denen auch ein Überblick über die Preise zeitgenössischer Kunst geboten wird.

[174] Schon in den Titeln seiner Bücher (wie „Der gesteuerte Kunstverfall", „Viel Gunst für schlechte Kunst") gibt *Eichler*, auf den sich z. B. *Schramm* (UFITA Bd. 51 (1968) S. 78f.) ausdrücklich bezieht, zu, daß es sich um Kunst, wenn auch seiner Meinung nach um schlechte (vgl. „Gunst" S. 7ff., 47ff.), handelt. Auf seine einseitigen, mehrere Faktoren

auf Inhalt, die Entstofflichung der Kunst[175] oder die Verwendung und Präsentierung trivialer Materialien und Gegenstände keinen Bruch in der kulturellen Entwicklung darstellen.
Zwar forderten die Futuristen die Zerstörung der Museumskultur[176], und Dada, das „Gewitter, das über die Kunst jener Zeit hereinbrach wie der Krieg über die Völker"[177], rebellierte gegen „die kulturellen Formen der fadenscheinig gewordenen künstlerischen und gesellschaftspolitischen Konvention"[178]. Hinter allen Provokationen und Negationen stand jedoch der Wille, Kunst, und zwar eine neue, andere, aktuelle Kunst, hervorzubringen[179]. Auch die russischen Konstruktivisten, z. B. *Malewitsch*[180], die de-Stijl-Bewegung mit *Mondrian* und die Bauhaus-Künstler strebten eine neue, reine Kunst an.
Die Werke dieser künstlerischen Richtungen stellen zwar extreme, aber konsequente Verwirklichungen künstlerischer Möglichkeiten dar, wobei einerseits eine Geringschätzung der Form, eine Formvernachlässigung, die bis zur Formlosigkeit, zum Verzicht auf Formung gesteigert wird[181], andererseits eine Betonung der Formungshandlung, die letzten Endes zum Verzicht auf jeglichen Sachinhalt führt[182], festzustellen ist.

---

nicht berücksichtigende Darstellungen, „Beiträge zur Unterscheidung zwischen organisch sich entwickelnder Kunst und einer alle Kunstgesetze verneinenden Bildnerei" („Gunst" S. 146), kann nicht weiter eingegangen werden. Zu beklagen ist jedoch, daß derartige Ansichten von Juristen bei der Beurteilung der urheberrechtlichen Schutzfähigkeit zugrundegelegt werden. Gegen eine sich einzig an den klassischen Höhepunkten orientierende Auffassung wandte sich schon 1910 *Worringer* (S. 169): „So wird der Verlauf der künstlerischen Entwicklung auf eine leicht zu überschauende Wellenbewegung reduziert: was vor den betreffenden klassischen Höhepunkten liegt, wird zum unvollkommenen aber als Hinweis zur Höhe bedeutsamen Versuch, was über die Höhepunkte hinausliegt, zum Niedergangs- und Verfallsprodukt gestempelt . . . In dieser denkfaulen gewohnheitsmäßigen Schätzung liegt eine Vergewaltigung des eigentlichen Tatbestands."

175 Vgl. zur sogenannten Concept Art *Ohff* S. 162ff., *Schreiber* S. 59f.

176 „Legt Feuer an die Regale der Bibliotheken! . . . Oh, welche Freude, auf dem Wasser die alten, ruhmreichen Bilder zerfetzt und entfärbt treiben zu sehen." (zitiert nach *Baumgart* S. 28f.)

177 *Richter* S. 8.

178 *Thomas*, Stichwort „Dadaismus".

179 *Ohff* S. 12, vgl. auch *Richter* S. 7: „Was wir suchten, war eine Anti-Kunst, ein neues Denken, ein neues Fühlen, ein neues Wissen: – in einer neuen Freiheit eine neue Kunst!"

180 „In meinem verzweifelten Bemühen, die Kunst vom Ballast der gegenständlichen Welt zu befreien, floh ich zur Form des Quadrats." (zitiert nach *Ohff* S. 42).

181 „Dada ist für die Natur und gegen die Kunst . . . Dada befolgt die Gesetze des Zufalls . . ., um reines Leben zu erschaffen." (*Arp*, zitiert nach *Schreiber* S. 53). Von den Surrealisten wurde als unkontrollierte und unkontrollierbare Ausdrucksform der Automatismus bevorzugt (ausführlich dazu *Pierre*, „Automatismus"). Eine Formung entfiel schließlich bei den „ready-mades" *Duchamps*, die lediglich präsentiert wurden.

182 Diese Entwicklung läßt sich bei *Mondrian*, insbesondere jedoch bei *Malewitsch* gut verfolgen, bei dem auf das „Schwarze Quadrat auf weißem Grund" letztlich das „Weiße Quadrat auf weißem Grund" folgte.

Diese Grundmöglichkeiten werden auch in späteren Kunstrichtungen radikal durchgeführt, sei es z. B. in der sich auf Dada, insbesondere auf *Duchamp*, sowie auf die Surrealisten beziehende Pop Art[183], aber auch in asketischen Bewegungen[184] wie Concept Art, Minimal Art, der monochromen Malerei oder der Ars Accurata, sowie deren Weiterentwicklung, der apparativen Computerkunst[185]. Extrempositionen des Formverzichts bzw. der Formauflösung und der Formstrenge wurden in allen Epochen der Kunstgeschichte angestrebt oder aber bewußt vermieden[186]. Automatismus, Einbeziehung des Zufalls[187], Abkehr von der Natur oder Abstraktion sind jedenfalls keine Erfindungen des 20. Jahrhunderts.

Automatismus (in verbaler Form) findet sich etwa im 16. Jahrhundert bei Manieristen wie *Leporeo*[188], er wird von Romantikern wie *Novalis* und *Friedrich Schlegel* zusammen mit dem Zufall, der Willkür als Mittel gesehen, spontane, nicht reflektierte Kunst zu schaffen, die die Natur nicht nachahmt, sondern Natur ist[189]. Manieristen schufen auch, weit vor der de-Stijl-Bewegung[190], antinaturalistische, anamorphistische Kunstwerke[191]. Abgesehen von der Möglichkeit eines am Anfang jeder Kunst stehenden Abstraktionsdranges[192] wird schließlich bei jeglicher Ornamentik und in der Symbolkunst abstrahiert[193]. Als ersten ab-

---

183 Zu ihrem Verhältnis eingehend *Weber:* Pop-Art.

184 Vgl. zu den Polen Askese und Exhibitionismus *Schreiber.*

185 Siehe dazu *Thomas,* Stichworte „Ars Accurata", „Konstruktivismus" sowie die Darstellung der genannten Richtungen.

186 *Kandinsky* (Zitiert nach *Hofmann* S. 152): „Die . . . Verkörperungsformen lassen sich leicht zwischen zwei Pole ordnen . . . 1. die große Abstraktion, 2. die große Realistik. Zwischen diesen zwei Polen liegen viele Kombinationen der verschiedenen Zusammenklänge des Abstrakten mit dem Realen. Diese beiden Elemente waren in der Kunst immer vorhanden . . . Es war ein verschiedenartiges Balancieren, welches scheinbar im absoluten Gleichgewicht den Höhepunkt des Idealen zu erreichen suchte."

187 Siehe etwa *Mozarts* sog. Würfelsonate (KV Anh. 294d); vgl. zu den verschiedenen Spielarten der u. a. auch *C. Ph. Emanuel Bach* und *Haydn* zugeschriebenen Würfelmusik G. *Thomas:* Gioco Filarmonico.

188 *Hocke* II S. 32.

189 „Die höchste Schönheit, ja die höchste Ordnung ist denn doch nur die des Chaos." (*Schlegel*, zitiert nach *Pesch* S. 38). – „Willkür und Zufall sind die Elemente der Harmonie . . . Erzählungen, ohne Zusammenhang, jedoch mit Assoziation wie Träume. Gedichte – bloß wohlklingend und voll schöner Worte – aber auch ohne allen Sinn und Zusammenhang – höchstens einzelne Strophen verständlich – sie müssen wie lauter Bruchstücke aus den verschiedenartigsten Dingen sein." (*Novalis*, zitiert nach *Pesch* S. 47).

190 Vgl. dazu z. B. *van Doesburg* (zitiert nach *Hocke* I S. 130): „Durch Zerstörung der Proportionen der Natur bringt der Künstler die elementaren bildnerischen Proportionen hervor."

191 *Hocke* I S. 124ff.

192 dem *Worringer* 1908 in seiner Arbeit (S. 48ff.), die auf die Maler des Blauen Reiters (insbesondere *Kandinsky*) großen Einfluß hatte, den Nachahmungsdrang gegenüberstellt. Ausführlich dazu *Hofmann* S. 81ff.

193 Dazu *Worringer* S. 87ff., *Lützeler* S. 151ff., insbesondere zur Symbolkunst *Hofmann* S. 89ff., 165.

strakten Maler bezeichnete *Guillaume Apollinaire* unter Bezug auf *Plinius* den vor über zwei Jahrtausenden lebenden Griechen *Apelles* (um 330 v. Chr.)[194]. Festzustellen ist nach allem, daß es sich auch bei Erzeugnissen der sogenannten Anti-Kunst um Kunstwerke handelt[195]. Deutlich wird dies übrigens auch daran, daß Werke, die einst die Gemüter erregten, wie z. B. *Duchamps* „Nu descendant un escalier", den die Zuschauer bei der Armory Show 1913 in New York so bespuckten, daß abends die Leinwand abgetrocknet werden mußte[196], sein Flaschentrockner, der 1917 einen Skandal hervorrief, oder in anderem Bereich *Strawinskys* „Sacre du printemps", dessen Musik 1913 einen Entrüstungssturm auslöste, im Laufe der Zeit ihren provokatorischen Charakter verloren haben und mittlerweise „klassisch" geworden sind[197]. Anti-, A-, oder Nicht-Kunst sind insofern keine absoluten Begriffe, sondern lediglich im historischen Bezug zu ver stehen[198]. Letzten Endes umfaßt der Begriff Kunst sowohl Kunst wie Anti-Kunst[199].

b) Persönliche Beziehung zwischen Künstler und Werk

Alle künstlerischen Erzeugnisse stammen, selbst wenn sie mit Hilfe von Maschinen, unter Einbeziehung des Zufalls oder unter Ausschaltung jeglicher Individualität geschaffen werden, von einer oder mehreren Personen. Aufgrund

---

194 Er soll bei einem Besuch des Malers *Protogenes* auf einer Tafel einen dünnen Strich gezogen haben, über den dieser einen noch feineren Strich von anderer Farbe malte. Die Feinheit des Strichs, des *Apelles* daraufhin darüber zog, „versetzte *Protogenes* in Verzweiflung. Dieses Bild erweckte lange die Bewunderung der Kenner, die es mit dem gleichen Wohlgefallen betrachteten, als habe es, statt nahezu unsichtbare Striche darzustellen Götter und Göttinnen wiedergegeben." (*Apollinaire:* Die Maler des Kubismus S. 20, zitiert nach *Lützeler* S. 169f.).

195 *Hofmann* S. 455: „Obzwar (die) instrumentale Auffassung des künstlerischen Handelns . . . zu Extrempositionen führte, die das Ende der Kunst verkündeten und auch demonstrierten, sieht sich die geschichtliche Bestandsaufnahme der Tatsache konfrontiert, daß sowohl von den Surrealisten wie im Bauhaus Kunstwerke geschaffen wurden – Kunstwerke, denen das antikünstlerische Pathos unerläßlich war, weil es die herkömmlichen Vorstellungen von Kunst in dem Maße zersetzte, in dem es den Künstler zum Vorstoß in neue Dimensionen der Form und des Inhalts legitimierte."

196 *Ohff* S. 27, Beispiel 4.

197 Vgl. *Duchamp* in einem Brief an *Richter* (zitiert nach *Hofmann* S. 440): „Als ich die ready-mades entdeckte, gedachte ich den ästhetischen Rummel zu entmutigen. Im Neo-Dada benutzen sie aber die ready-mades, um an ihnen ‚ästhetischen Wert' zu entdecken!! Ich warf ihnen den Flaschentrockner und das Urinoir ins Gesicht als eine Herausforderung, und jetzt bewundern sie es als das ästhetisch Schöne." – *Richter* S. 209: „Das Anti ist zum Ruhekissen geworden, auf dem sich Spießer und Kunstsammler gemütlich zurücklehnen."

198 Vgl. *Cladders,* Katalog der documenta 5, 16.1: „Gemessen am jeweils konventionellen Kunstbegriff, muß jede jeweils neue künstlerische Manifestation zwangsläufig zumindest in Anteilen als Nicht-Kunst erscheinen."

199 *Beuys* in *Becker-Vostell* S. 328.

dieser Beziehung könnte ein Bedürfnis bestehen, auch Erzeugnisse moderner Kunst wie die angeführten Beispiele urheberrechtlich zu schützen und den Künstlern in Bezug auf diese Werke die Urheberpersönlichkeitsrechte zukommen zu lassen.

Vergleichbaren Schutz gewährt zwar auch das allgemeine Persönlichkeitsrecht[200]. Während das Urheberpersönlichkeitsrecht jedoch an ein bestimmtes Werk anknüpft[201] und die Person nur in ihren Beziehungen zu dem Werk schützt[202], ist das allgemeine Persönlichkeitsrecht nicht sachbezogen; es schützt den Menschen in seiner Wesenheit[203].

Nach der Rechtsprechung des Reichsgerichts genoß ein künstlerisches Erzeugnis nur persönlichkeitsrechtlichen Schutz, wenn es urheberrechtlich geschützt war[204]. Seit der Anerkennung eines allgemeinen Persönlichkeitsrechts durch den Bundesgerichtshof besteht jedoch ein den Schutz des Urheberpersönlichkeitsrechts ergänzender, bzw. bei urheberrechtlich nicht geschützten Leistungen alleiniger persönlichkeitsrechtlicher Schutz.

Das allgemeine Persönlichkeitsrecht ist also geeignet, Lücken der urheberrechtlichen Regelung zu schließen, indem es etwa Leistungen, die zwar nicht die Voraussetzungen des § 2 Abs. 2 UG erfüllen, aber Teil der Persönlichkeit und ihrer persönlichen Sphäre sind, schützt[205].

Sowohl ein Eingriff in das Urheberpersönlichkeitsrecht als auch in das allgemeine Persönlichkeitsrecht kann vorliegen, wenn, wie in dem einer Entscheidung des Reichsgerichts[206] zugrunde liegenden Fall, in dem der spätere Eigentümer eines nackte Sirenen darstellenden Gemäldes diese übermalen ließ, der Künstler durch die Veränderung lächerlich gemacht wird[207]. In der Entscheidung im Fall des *Hjalmar-Schacht*-Briefs[208] konnte, da auf jeden Fall eine Verletzung des allgemeinen Persönlichkeitsrechts angenommen wurde, dahingestellt bleiben, ob das Schreiben als Schriftwerk im Sinne des § 1 LUG anzusehen war[209].

In allen derartigen Fällen wurde eine Beeinträchtigung des allgemeinen Persönlichkeitsrechts angenommen, so daß eine nähere Bestimmung der Grenze, ab der eine Verletzung eines sachbezogenen Persönlichkeitsrechts möglich ist, nicht erforderlich war. Problematisch wird es jedoch, wenn die Voraussetzungen eines

---

200 Vgl. zur Entwicklung des APR und seiner Ableitung aus den Art. 1, 2 GG u. a. BGHZ 13,334 = UFITA Bd. 18 (1954) S. 370; *v. Gamm* UR, Einführung 92 mit Übersicht über die Rechtsprechung; *Hubmann* S. 69; *Palandt/Thomas* § 823,15.

201 *Dietz* S. 29.

202 *Tölke* S. 15 m. w. N.

203 *Schramm* GRUR 1972, 349.

204 Vgl. RGZ 151,50,52.

205 *Hubmann* S. 70, 242 nennt hierfür als Beispiele u. a. die Leistungen von Artisten und Clowns, doch dürfte der rechtliche Schutz keinesfalls über den den ausübenden Künstlern durch das UG gewährten Schutz hinausgehen.

206 RGZ 79, 379.

207 *Schramm* GRUR 1972, 349.

208 BGHZ 13, 334 = UFITA Bd. 18 (1954) S. 370.

209 S. 339 = UFITA, a. a. O. S. 372f.

Eingriffs in das allgemeine Persönlichkeitsrecht nicht vorliegen. Da nicht jede Verletzung von Urheberpersönlichkeitsrechten, wie etwa des Veröffentlichungsrechts (§ 12 UG) oder des Rechts auf Anerkennung der Urheberschaft (§ 13 UG), von vornherein das allgemeine Persönlichkeitsrecht berührt, ist ein derartiger Fall durchaus denkbar.
Eine lediglich ein Urheberpersönlichkeitsrecht beeinträchtigende Handlung ist nach dem geltenden Recht in Bezug auf ein urheberrechtlich nicht geschütztes Werk ohne weiteres zulässig. Konkret bedeutet dies, daß Werke, die keine persönlichen geistigen Schöpfungen sind, zwar nicht bespuckt[210] oder erheblich verändert werden dürfen, weil dadurch in das allgemeine Persönlichkeitsrecht des Künstlers eingegriffen würde, sie jedoch unter fehlender oder unzutreffender Urheberangabe oder gegen den Willen des Urhebers veröffentlicht werden dürfen.
Für den Schutz des Urhebers in seinen geistigen und persönlichen Beziehungen zum Werk[211] kann es nicht darauf ankommen, ob das Werk von seiner Persönlichkeit geprägt ist, ob sie erkennbar in dem Werk zum Ausdruck kommt. Allein entscheidend ist die Tatsache, daß zwischen dem Urheber und seinem Werk eine Beziehung[212] besteht. Auch wenn andere gleichartige oder vollkommen entsprechende Werke herstellen können, ist das einzelne Werk doch **sein** Werk, **seine** Äußerung. Der Grad, in dem seine Persönlichkeit in dem Werk zum Ausdruck kommt, kann lediglich für den Umfang des urheberpersönlichkeitsrechtlichen Schutzes, etwa im Rahmen der §§ 14, 39 UG[213] von Bedeutung sein.

c) Vermeidung willkürlicher Abgrenzungen

Neben diesen sich aus der Natur der Sache ergebenden Gründen könnte für die Zubilligung urheberrechtlichen Schutzes auch die Tatsache sprechen, daß eine klare Abgrenzung zwischen geschütztem Werk und nicht schützbarem Erzeugnis nicht möglich ist.
Auch bei Zugrundelegung der Schutzkriterien persönliche, geistige Schöpfung und der Auslegungen dieser Begriffe in Literatur und Rechtsprechung[214] ist eine exakte Abgrenzung, die auch einer Nachprüfung standhält, nicht gewährleistet. Abgesehen von dem Widerspruch[215], einerseits zu versichern, der künstlerische oder ästhetische Wertgehalt spiele keine Rolle, eine Qualitätsprüfung finde nicht

---

210 wie es *Duchamps* „Akt" widerfuhr.
211 § 11 UG.
212 Nach *Ulmer* (S. 41) „das geistige Band".
213 Vgl. insofern BGHZ 55,1 = UFITA Bd. 60 (1971) S. 247.
214 Siehe die Definition in BGHZ 22,209, „eigenpersönliche geistige Schöpfung, die mit den Darlegungsmitteln der Kunst durch formgebundene Tätigkeit hervorgebracht und vorzugsweise für die Anregung des ästhetischen Gefühls durch Anschauung bestimmt ist", die auf Musikwerke ohnehin nicht anwendbar ist (dazu *Weissthanner*, S. 33).
215 *Kummer* S. 37f. m. Nachweisen.

statt, und der Subsumtion unter den Begriff „Schöpfung", bei der notwendigerweise der „Wert" des Werks berücksichtigt werden muß[216], ist, auch wenn nicht nach dem persönlichen Geschmack, sondern nach objektiven Kriterien[217] entschieden werden soll[218], eine qualitative Bewertung nicht befriedigend[219].

Während man sich in der Lehre im wesentlichen darauf beschränkt, seine Kriterien darzustellen, sich jedoch hütet, die Bewertungsunsicherheit durch Angabe von Beispielen offenbar werden zu lassen[220], zeigt sich insbesondere in den gerichtlichen Entscheidungen bezüglich der Abgrenzung zwischen Geschmacksmuster und urheberrechtlich geschütztem Werk, daß zwar die üblichen Voraussetzungen des Werkbegriffs aufgeführt werden, eine Subsumtion meist jedoch nur angedeutet wird und schließlich in Form einer bloßen Behauptung entschieden wird. Zwar mögen die Entscheidungen zu mehr oder weniger angemessenen Ergebnissen führen; sie sind jedoch nicht nachvollziehbar und damit auch nicht nachprüfbar[221].

Auf Grund der dargestellten bruchlosen Entwicklung der Kunst bis zu den beispielhaft angeführten Formen scheint zweifelhaft zu sein, innerhalb dieses Bereichs eine Zäsur zu finden oder auf andere Weise eine Abgrenzung zwischen urheberrechtlich geschütztem und nicht schützbarem künstlerischen Erzeugnis vollziehen zu können. Um nicht nachprüfbare und letztlich willkürliche Entscheidungen wie nach dem geltenden Recht zu vermeiden, ist als Voraussetzung für jegliche wie auch immer geartete Bestimmung des Schutzgegenstands zu fordern, daß sie exakt ist. Die Zuerkennung der urheberrechtlichen Schutzes darf nicht auf Grund einer durch wohltönende Begriffe und Umschreibungen verschleierten willkürlichen Entscheidung erfolgen.

---

216 Vgl. dazu *Ulmer* GRUR 1968, 529 (ihm zustimmend *Fromm-Nordemann* § 2,6c): „Ein uneingeschränkter Verzicht auf Werturteile ist im Urheberrecht undenkbar. Ein Richter, der literarisch oder künstlerisch wertblind ist, wäre ein schlechter Richter in Urheberrechtssachen."

217 Dazu kann auch das Kriterium *Hubmanns* (S. 68), der „individuelle Gehalt" zählen.

218 *Fromm/Nordemann* § 2,6c.

219 Ausführlich dazu *Knies* S. 128ff. und S. 285: „Die Formulierung eines qualitativen Kunstbegriffs stellt den Juristen vor unlösbare Schwierigkeiten. Die methodischen Unsicherheiten zeigen sich in der Übernahme beliebiger außerjuristischer Kunstdefinitionen und in der Verwendung rhetorischer Argumente."

220 Als Ausnahme ist *Fromm/Nordemann* zu nennen, dessen Abgrenzung (§ 2,4) sich auch prompt als nicht nachvollziehbar erweist. (Dagegen schon Kummer S. 38.)

221 Die Ablehnung einer einmal getroffenen derartigen Wertung könnte ebenfalls nur durch eine Behauptung erfolgen. Dies wird jedoch dadurch vermieden, daß die Entscheidungen durchweg in den nächsten Instanzen bestätigt werden. Abweichungen treten nur in Fragen auf, die nicht § 2 Abs. 2 UG betreffen. Vgl. BGHZ 22,217 = UFITA. Bd. 23 (1957) S. 207 „Europapost"; BGHZ 27, 355 = UFITA Bd. 26 (1958) S. 235 „Candida-Schrift"; BGH in GRUR 1959, 290 = UFITA Bd. 28 (1959) S. 214 „Rosenthal-Vase"; BGH in GRUR 1961, 637 = UFITA Bd. 34 (1961) S. 337 „Stahlrohrsessel".

d) Zusammenfassung

Der Werkbegriff des geltenden Rechts und die entsprechende Lehre und Rechtsprechung wird Kunstwerken wie den angeführten Beispielen insofern nicht gerecht, als ihre von einem großen Teil der Kunstwissenschaft erklärte gemeinsame Zugehörigkeit zum Bereich der Kunst, das Bestehen einer Beziehung, eines Bandes zwischen Urheber und seinem Werk, wodurch Persönlichkeitsrechte bestehen könnten, nicht berücksichtigt werden und die Abgrenzung zwischen geschütztem Werk und ungeschütztem Erzeugnis letztlich willkürlich ist.
Auf Grund dieser Tatsachen besteht durchaus ein Bedürfnis, einen Teil der vorgestellten Werke oder, sollte eine klare, der Natur der Sache angemessene Abgrenzungsmöglichkeit nicht bestehen, alle urheberrechtlich zu schützen.

3. Schutzmöglichkeiten de lege ferenda

a) Kriterium der statistischen Einmaligkeit

Otto Mayer hatte zwar festgestellt: „Die juristischen Begriffe haben eine eigentümliche Härte und Sprödigkeit. Sie schmiegen sich nicht den wogenden, schwankenden Wirklichkeiten an, sondern schneiden herrisch mitten durch. Da gibts kein Schillern, keine Übergänge; sondern: hier ist die Linie, links davon ist Ja und rechts davon ist Nein. *Das muß so sein*"[222]. Dennoch wurde, um den Ausschluß weiter Teile des heutigen Kunstschaffens vom Urheberrechtsschutz zu vermeiden[223], nach geeigneteren Kriterien zur Abgrenzung zwischen urheberrechtlich geschütztem Werk und nicht geschütztem Erzeugnis gesucht.

aa) Die Kummersche Lehre

Nach Ansicht von *Kummer*[224] hat der Begriff „Schöpfung", besonders wenn er mit Adjektiven wie „geistig"[225] oder „eigenartig"[226] versehen wird, einen Qualitätsbezug[227]. Allgemein[228] sei jedoch anerkannt, auf eine Qualitätsprüfung zu verzichten[229].

---

222 Schiffahrtsabgaben S. 38.
223 *Kummer* S. 37.
224 S. 37f.
225 § 2 Abs. 2 UG.
226 Art. 1 Abs. 2 SchwUG.
227 *Hirsch Ballin:* Studium Generale 1957 S. 56.
228 Siehe o. I 1 a; ständige Rechtsprechung seit RGZ 79, 339, 344; vgl. auch BGHZ 29,62 = UFITA Bd. 28 (1959) S. 214; OLG Stuttgart MDR 1969, 861.
229 Eine gewisse Leistungshöhe wird u. a. gefordert von *Hubmann* S. 37; *Ulmer* GRUR 1968, 529, vgl. auch Fn 216, *v. Gamm* UR § 2,14ff.; *Nordemann* UFITA Bd. 50 (1967) S. 907f.

Er schlägt vor, diesen Begriff durch den der Individualität zu ersetzen, die er als statistische Einmaligkeit versteht[230]. Individuell ist danach ein Werk, das nirgends auf ein genau gleiches Gegenstück stößt. Dabei muß gedanklich die Streubreite der Möglichkeiten ausgemessen werden[231]. Sobald denkbar ist, daß ein anderer Gleiches in der nämlichen Form hervorbringt, liegt keine Individualität vor. Doppelschöpfungen sind nach dieser Ansicht also nicht möglich.
Als Beispiel für die Grenzziehung nennt *Kummer* den Beginn von *Kafkas* „Prozeß"[232]. Das erste Wort („Jemand") kann nicht geschützt sein, weil die einzelnen Ausdruckselemente der Sprache jedem frei verfügbar sein müssen. Auch die ersten sechs Worte („Jemand mußte Josef K. verleumdet haben") sind nach *Kummer* nicht geschützt, weil denkbar ist, daß ein anderer das gleiche in denselben Worten sagt. Unzweifelbar individuell sollen jedoch die ersten drei Sätze sein. („Jemand mußte Josef K. verleumdet haben, denn ohne daß er etwas Böses getan hätte, wurde er eines Morgens verhaftet. Die Köchin der Frau Grubach, seiner Zimmervermieterin, die ihm jeden Tag gegen acht Uhr früh das Frühstück brachte, kam diesmal nicht. Das war noch niemals geschehen.") Der Übergang zum Werk ist damit nach Kummer vollzogen.
Er stellt anhand dieser Sätze dar, daß Wortgruppen oder Teilsätzen keine Individualität zugebilligt werden könne, durch die Verbindung mehrerer Teilstücke jedoch eine Annäherung erfolge, bis letztlich die Individualität mit Sicherheit gewonnen sei[233]. Entscheidend für die urheberrechtliche Individualität eines Werks sei insofern lediglich, ob die zusammengefügten Einzelteile in ihrer Gesamtheit Individualität erreichten, nicht jedoch, ob sie für sich individuell seien.
Als weiteres Beispiel für eine individuelle Leistung führt *Kummer* das *Schwitter*sche Zahlengedicht „Gedicht 25 (elementar)" an[234]. Zwar könne jedermann nach der angewandten Methode Gedichte verfertigen, doch werde keiner unabhängig auf das genau gleiche Gedicht verfallen.

---

230 S. 30ff., 80.

231 S. 30: „Nach dem Individuellen fahnden heißt also nicht wägen, sondern heißt vergleichen." Daraus ergibt sich, daß die statistische Einmaligkeit im Sinne *Kummers* keine mit Hilfe der Statistik ermittelbare zählbare Größe ist. Vgl. dazu auch *Girth* S. 22f.

232 S. 31,42.

233 S. 42f. „So setzt sich jede Individualität gleichsam aus Bruchteilsindividualitäten zusammen."

234 S. 31, 35. Beispiel 10 – *Samson* (UFITA Bd. 56 [1970] S. 126) bemerkt zu diesem Gedicht und der *Kummer*schen Beurteilung: „Wenn diese auf- und absteigende Zahlenreihe in Form eines Kreuzes (?) urheberrechtlichen Schutz besitzen soll, dann werden alle Grenzmauern eines Kunstschutzes niedergerissen. Hier fehlen Inhalt, Sprache, Sprachklang, Ausdruck; hier mangelt es ebenso für eine abstrakte wie konkrete Dichtung an der Dichtung." Um Sprache, Sprachklang oder Ausdruck eines Gedichts festzustellen und beurteilen zu können, ist Voraussetzung, daß das Gedicht (wenn möglich: richtig; in diesem Fall laut) gelesen wird. Diese Mühe scheint sich der Verfasser der wiedergegebenen Kritik nicht gemacht zu haben.

Das Gedicht von *Gomringer*

du blau
du rot
du gelb
du schwarz
du weiss
du

erreiche knapp die Grenze des Individuellen[235], der Gedichtanfang von Rot

 aa aaaaa
bbbbbbbbb
ccccccccc
dddddddd
eeeeeee e
ff ffffff
ggggggggg
. . .

kann nach seiner Ansicht (wegen der Leerstellen) vielleicht individuell sein[236]. Gerade eben noch könnte (mit Hilfe der Farben) dem eine monochrome Fläche ungleichmäßig teilenden geraden Strich Schutz gewährt werden[237]; das „Schwarze Quadrat" *Malewitschs* sei jedoch nicht mehr individuell[238].
Geometrische Grundformen zählt *Kummer* zum Gemeingut[239]. Eine Leistung, die nur Elemente des Gemeinguts enthält, ist nicht individuell im *Kummer*schen Sinne[240]. Als Gemeingut bezeichnet er alles, „was Bestand allgemeiner, historischer und kultureller Erfahrung bildet, was Natur und menschliche Verhaltensweise vorlegen."[241] Darunter fällt alles, was im Bereich des Erwartbaren liegt, der Anlage, der Möglichkeit nach allgemein bereits vorhanden ist; was in der Luft liegt[242]. Auch wissenschaftliche Erkenntnisse zählen dazu[243]. Über die wissenschaftliche Aussage hinaus ist nach Kummer auch die Darstellungsweise ungeschützt, wenn sie durch das Darzustellende erzwungen wird, d. h. es nur eine oder wenige bestimmte Möglichkeiten des Darstellens gibt[244]. Das Gemeingut wird von ihm also entsprechend der herrschenden Meinung bestimmt[245].

---

235 S. 33.
236 S. 34.
237 S. 48 und Abb. 11.
238 S. 48. „So berühmt, so fern indessen jeder Individualität."
239 S. 47.
240 S. 47ff., 51.
241 S. 51.
242 S. 52.
243 S. 105ff.
244 S. 108f.
245 Vgl. oben Fn 6ff.

Sollte aus den Umständen nicht von vornherein ersichtlich sein, daß ein Kunstwerk vorgelegt wird, so muß der Autor es durch besondere Vorkehrungen als solches zu erkennen geben, er muß es präsentieren[246]. Diese Präsentation im *Kummer*schen Sinne setzt jedoch Individualität des Werkes voraus, es ist also eine weitere Schutzvoraussetzung[247].
So ist z. B. der *Duchamp*sche Flaschentrockner nach *Kummer*[248] nicht individuell. Auch die Präsentierung als Kunstwerk, die Ausstellung im Museum, kann ihm deshalb keinen urheberrechtlichen Schutz verschaffen[249]. Dagegen wird eine im Wald gefundene, bizarr geformte Wurzel durch die Präsentation zum urheberrechtlich geschützten Werk.

bb) Übernahme der Individualitätstheorie in den Vorentwurf der Schweizer Expertenkommission

Die *Kummer*sche Individualitätstheorie wurde von der „I. Expertenkommission für ein schweizerisches Bundesgesetz" übernommen. Nach Art. 1 Abs. 1 des Vorentwurfs der Kommission[250] sind urheberrechtlich geschützte Werke: Sprachwerke, Werke der Musik, Werke der bildenden und anderen Künste ohne Rücksicht auf Wert und Zweck, sofern sie eine individuelle Prägung aufweisen.
Der Begriff „individuelle Prägung" ist als die „statistische Einmaligkeit" *Kummers* anzusehen. Er besagt, daß kein anderes gleiches Werk bekannt oder zu erwarten ist[251].

---

246 S. 75.

247 S. 77 mit Anm. 109.

248 Nach *Kummers* Ansicht „als Massenprodukt notwendigerweise" (S. 101f.)

249 S. 101. Daß der Flaschentrockner von der Kunstkritik als Kunstwerk angesehen wird, ist für *Kummer* nicht von Bedeutung. „Einmal mehr erweist sich, daß auch geistreiche und eindrückliche Analysen im Kunstschrifttum auf die rechtliche Beurteilung nicht übertragbar sind. Duchamp scheint seinen Platz als einer der großen Wegbereiter der modernen Kunst längst fest einzunehmen. Dennoch ist jedenfalls sein Flaschentrockner urheberrechtlich nicht schützbar."

250 UFITA Bd. 66 (1973) S. 173ff. = *Troller,* InterGU Schriftenreihe Band 48 S. 71. Auf Grund des Einwands verschiedener Interessenverbände, der Kreis der nach geltendem UG geschützten Werke werde allzusehr erweitert, wurde der Werkbegriff von der II. Expertenkommission abgeändert (vgl. im einzelnen UFITA Bd. 72 (1975) S. 220, 247). Werke sind danach nur noch *Schöpfungen,* maschinelle (z. B. Computer-) Erzeugnisse sollen nicht unter den Werkbegriff fallen. Darüberhinaus wurde zwar der Begriff „Prägung" durch „Charakter" ersetzt, doch das in diesem Zusammenhang wesentliche „individuell" beibehalten.

251 *Troller* InterGU Schriftenreihe Bd. 48, S. 19; *Larese* UFITA Bd. 65 (1972) S. 48f.; *Troller,* a.a.O. S. 18: „. . . die Individualität des Werks im Sinne der *Kummer*schen statistischen Einmaligkeit entscheidet und nicht die in ihm erscheinende Persönlichkeit oder Individualität des Urhebers."

cc) Weitere Vertreter der Individualitätstheorie

Vertreten wird diese Theorie außerdem von *Heim*[252] und *Girth*[253], von ersterem allerdings mit der Einschränkung, daß nur jene Gebilde von individueller Form den Urheberschutz genießen sollen, die unmittelbar aus der Hand einer Person stammen, bei deren Erzeugung der Mensch mitgewirkt hat und auf deren Gestaltung er einen Einfluß ausübte[254]. Vorgefundene Gegenstände wie die bizarre Wurzel sollen deshalb, da ohne entstehensmäßige Verbindung zu einer Person, keinen Schutz genießen. Erzeugnisse aleatorischer Computerkunst sind nach Heim geschützt. Als Urheber sollen dabei diejenigen angesehen werden, die das Programm und Eingabedaten bestimmt haben oder[255] überhaupt im Vergleich zu anderen Personen durch ihr Tätigsein dem fraglichen Gebilde entstehensmäßig noch am nächsten stehen[256].

Heim weicht demnach lediglich in der Frage der Schutzfähigkeit vorgefundener präsentierter Gegenstände von der Theorie *Kummers* ab. In allen anderen Bereichen der Kunst, selbst der maschinellen oder Zufallskunst, ist der Mensch irgendwie an der Entstehung beteiligt[257].

dd) Allgemeine Ablehnung der Präsentationstheorie

Während *Kummers* Lehre von der „statistischen Einmaligkeit" als Schutzvoraussetzung in der Literatur Anhänger fand und in einem Gesetzesentwurf ihren Niederschlag gefunden hat, wird seine Präsentationstheorie[258] allgemein[259] abgelehnt[260].

Das Hauptargument gegen diese Theorie ist, daß, da der Urheberrechtsschutz erst mit der Präsentation beginnen soll. Vorstufen eines Werks wie Skizzen oder

---

252 Die statistische Einmaligkeit im Urheberrecht de lege lata und de lege ferenda 1971.

253 Individualität und Zufall im Urheberrecht 1974.

254 *Heim* S. 49. *Girth* (S. 29f.) hält diese Einschränkung für ungerechtfertigt. Außerdem sei sie phänomenologisch nicht zu begründen. Die entstehensmäßige Verbindung lasse sich nämlich oft nur auf dem Umweg über die Entstehungsgeschichte bzw. das Herstellungsverfahren gewinnen.

255 im Modellfall eines Werkes reinster Kybernetik (nach mechanischer Aleatorik werden aus einem unbegrenzten Repertoire Einzelelemente abgerufen und kombiniert), siehe *Kummer* S. 187, vgl. jedoch Fn 108 *(Nake)*.

256 S. 50f.

257 So auch *Girth* S. 30 Anm. 139.

258 ebenso wie der gleichzeitig vorgebrachte ähnliche Vorschlag *Schmieders* (UFITA Bd. 52 (1969) S. 107ff., 113); siehe auch oben II 1 a, bb

259 *Ulmer* GRUR 1968, 529; *Krüger-Nieland* UFITA Bd. 53 (1969) S. 191; *Troller* Mitteilungen 1969, 205; *Samson* UFITA Bd. 56 (1970) S. 126; *Heim* S. 45; *Gerstenberg* FS Wendel S. 89ff.; *Girth* S. 36 (mit ausführlicher Darstellung).

260 Auch in den schweizerischen Vorentwurf (siehe Fn. 250) fand sie keinen Eingang, vgl. *Troller* InterGU Schriftenreihe Bd. 48,19.

Entwürfe ungeschützt bleiben[261]. Auch das Fehlen eines objektiven Maßstabs für das Vorliegen eines schutzfähigen Werks[262], die Möglichkeit, daß sich der Urheber über den der Erklärung vertrauenden Käufer mokiert[263], sowie die mit Art. 5 Abs. 2 RBÜ Stockholmer Fassung von 1967 unvereinbare Förmlichkeit als Schutzvoraussetzung[264] sprächen gegen diese Theorie[265].

ee) Ergebnis nach der Kummerschen Individualitätstheorie

Der neue, von *Kummer* vorgeschlagene Werkbegriff erfaßt mehr – insbesondere zeitgenössische – Werke als der des geltenden Rechts. So wird etwa urheberrechtlicher Schutz auch Zufallswerken, insbesondere aleatorischen Computer-Erzeugnissen zuteil.
Dennoch bleiben, wenn schon Werke wie das „Schwarze Quadrat" *Malewitschs* als nicht individuell und somit nicht schutzwürdig angesehen werden[266], monochrome Bilder, der Schlitz in der Leinwand oder das Nichts als Kunst weiterhin ungeschützt. Auch der Urheberrechtsschutz vorgefundener Gegenstände wird. außer von *Kummer*, allgemein abgelehnt[267], und auch dieser setzt dafür neben der Präsentation noch Individualität voraus, die z. B. der *Duchamp*sche Flaschentrockner nicht aufweisen soll.
Zwar hatte *Kummer* vor, den Ausschluß weiter Teile des heutigen Kunstschaffens vom Urheberschutz zu vermeiden, doch bleiben auch bei Anwendung des neuen Werkbegriffs, Erzeugnisse der modernen Kunst wie die eingangs vorgestellten ohne Urheberrechtsschutz.

---

261 So u. a. *Ulmer*, a. a. O.; *Samson*, a. a. O. Um dieses Ergebnis zumindest abzuschwächen, billigt *Schmieder* (a. a. O. S. 113f.) vom Künstler nicht gebilligten und deshalb nicht präsentierten Vorstufen oder sonstigen Erzeugnissen einen rein persönlichkeitsrechtlichen Schutz zu, ohne jedoch die Abweichung von der Grundentscheidung des Urheberrechts, den Urheberrechtsschutz mit der Entstehung des Werks beginnen zu lassen, zu begründen.

262 *Ulmer*, a. a. O. S. 528; *Samson*, a. a. O.

263 *Ulmer*, a. a. O. S. 529; *Dittrich* S. 50 Anm. 98.

264 *Dittrich* S. 50, ihm zustimmend *Heim* S. 47 und *Girth* S. 38f.

265 *Heim* (S. 45) und *Girth* (S. 37, 43) weisen auch darauf hin, daß die Präsentation phänomenologisch nicht zu erklären ist. *Girth* (S. 39ff., 43) hält allerdings die Präsentation für die Frage der Rechtszuordnung bei Werken, die keine entstehensmäßige Verbindung zu Menschen aufweisen oder als Maschinenkunst präsentiert werden, von Bedeutung. Von mehreren in Betracht kommenden Urhebern soll dem Präsentator das subjektive Urheberrecht zugeordnet werden.

266 *Kummer* S. 48.

267 *Girth* (S. 39ff., 109) scheint sie für schutzwürdig zu halten. Er lehnt zwar die Präsentationstheorie ab, nähert sich ihr jedoch bei der Erwägung, die Präsentation vorgefundener Gegenstände im Rahmen der Frage der Rechtszuordnung rechtsbegründend wirken zu lassen (siehe Fn 265). Auch *Kummer* setzt nämlich das Vorliegen eines an sich schützbaren (sprich: individuellen) Werks voraus. Ob ein individueller vorgefundener Gegenstand durch Präsentation zum Werk wird oder durch die Präsentation dem Präsentanten zugerechnet wird, erscheint letztlich gleichgültig.

ff) Ablehnung sowohl der Präsentations- als auch der Individualitätstheorie

Recht zu geben ist *Kummer* insofern, als er den geltenden Werkbegriff nicht für geeignet hält, den Schutzgegenstand des Urheberrechts zu bestimmen. Auch die herrschende Meinung zur urheberrechtlichen Schutzfähigkeit moderner Kunst ist mit ihm abzulehnen.

Insbesondere ist auf jede qualitative Wertung zu verzichten. Geht man von einem Begriff wie „Schöpfung" aus, ist dies jedoch nicht möglich[268]. Bei Versagung des Schutzes für Zufallskunst wird nicht berücksichtigt, daß der Zufall auch bei bewußt geschaffenen Werken eine Rolle spielt. Dies zeigt sich etwa daran, daß die auf verschiedene Weise hergestellten Werke oftmals nicht der einen oder anderen Technik zugeordnet werden können[269]. Aus diesem Grunde ist die Unterscheidung zwischen zufällig und nicht zufällig hergestellten Werken auch unpraktikabel. Aleatorische Werke erkennt man nur als solche (und kann sie dann vom Urheberrechtsschutz ausschließen), wenn die Herstellungsart mitgeteilt wird. Am Werk selbst ist die Aleatorik nicht mehr ersichtlich[270].

Abzulehnen ist jedoch die Präsentationstheorie *Kummers*. Den oben aufgeführten Stimmen ist nur beizupflichten.

Auch gegen die Individualitätstheorie bestehen Bedenken. *Kummer* will zwar den Ausschluß weiter Teile des heutigen Kunstschaffens vom Urheberschutz vermeiden[271], nach seiner Theorie werden auch mehr Werke als bisher geschützt, doch bleiben (wie oben dargestellt) immer noch viele Erzeugnisse der modernen Kunst ohne urheberrechtlichen Schutz.

Bedenklich ist dabei vor allem die Art und Weise der Abgrenzung zwischen schützbarem und unschützbarem Werk. *Kummer* hält den bisher angewandten

---

268 *Kummer* S. 36ff., 38.

269 Siehe Beispiele bei *Kummer* Abb. 45, 46 (Kandinsky/Computergraphik Nake) sowie Beispiele 11 *(Klee)*, 12 *(Nake)* und das Gedicht „Ja" von G. Grass und eine Computerbearbeitung dieses Gedichts (*Krause-Schaudt* S. 50f.)

Neue Standpunkte fassen Beschlüsse	Regelwidrige Beschlüsse fassen Standpunkte
und bestehen auf Vorfahrt.	und bestehen auf Symmetrie.
Regelwidrig geparkt, winzig,	Winzig übersprungen, schief,
vom Frost übersprungen,	vom Beruf geparkt,
nistet die Armut.	nistet die Vorfahrt.
Ihr ist es Mühsal, Beruf,	Ihr ist es Frost, Mühsal,
die Symmetrie zu zerlächeln:	das Schöne zu zerlächeln:
Alles Schöne ist schief.	Alle Armut ist neu.

Vgl. auch die bei *Gunzenhäuser* (MTW-Mitt. 63,1 S. 4 bis 7) wiedergegebene Leserzuschriften zum ‚Weihnachtsgedicht' (Fn 103) wie: „Es berührt mich eigentümlich, wie aus dieser kleinen Arbeit, die auf den ersten Blick doch sinnlos erscheint, ein tiefer Sinn spricht, der sich erst hinter den Zeilen entschlüsselt ... Von Strophe zu Strophe glimmt die Hoffnung auf Schöneres auf und endet das Gedicht mit der tröstlichen Zusicherung."

270 *Kummer* S. 190. – „Es bleibt in derartigen Fällen nur noch die Hoffnung, daß jemand, der Computer-Erzeugnisse herstellt, dies wohl nicht vollständig vor Künstlerkollegen oder sonstigen Fachleuten geheimhalten kann." So will *Brutschke* (S. 64) den Abgrenzungs- und Beweisschwierigkeiten entgehen.

271 *Kummer* S. 37.

Abgrenzungskriterien zu Recht vor, sie würden in der Praxis versagen[272]. Zweifelhaft ist jedoch, ob sein Kriterium geeigneter ist.
Der Begriff der Individualität, verstanden als statistische Einmaligkeit, verspricht eine exakte, nachprüfbare Abgrenzung. Ist jedoch bei der Beurteilung der urheberrechtlichen Schutzfähigkeit eines Werkes ein „Vergleich mit dem, was da ist oder sein könnte" anzustellen, bleibt von der erhofften Exaktheit nicht viel übrig. Die von *Kummer* angeführten Beispiele sind auch nicht gerade geeignet, diese Bedenken zu beseitigen.
Beim Versuch einer präzisen Festlegung der Grenze zwischen ungeschütztem und geschütztem Werk hält er die ersten sechs Worte von *Kafkas* „Prozeß" nicht für individuell, dagegen sei der Übergang zum geschütztem Werk nach drei Sätzen unzweifelhaft vollzogen[273]. Zweifel bestehen sicher nicht an diesem Ergebnis, drei Sätze für schutzwürdig zu halten, wohl aber an der Tauglichkeit seines Kriteriums. Eine Grenzziehung irgendwo zwischen sechs und 45 Worten erscheint nicht sehr exakt, geschweige denn nachprüfbar.
Was *Kummer* anhand dieses Beispiels über Bruchteilsindividualität und die durch Verbindung von Teilstücken erfolgende allmähliche Annäherung an Individualität darlegt[274], ist nichts anderes als die Tatsache, daß Individualität (allgemein, nicht im urheberrechtlichen oder gar *Kummer*schen Sinne gemeint) eine bestimmte Komplexität fordert und daß die Elemente eines individuellen Werkes letztlich nicht individuell, persönlich, sondern un- oder überpersönlich sind. So sind im literarischen Bereich Grundelemente die Buchstaben oder Wörter einer Sprache, in der Malerei die Farben oder geometrische Grundformen etc. Ungenau und verwirrend erscheint deshalb der von *Kummer* gewählte Begriff „Bruchteilsindividualität". Aus dem Zusammenhang ergibt sich nämlich, daß *Kummer* damit gerade nicht individuelle Elemente meint. Erst durch Zusammensetzung ergibt sich Individualität[275].
Ein weiteres Beispiel für eine nicht nachprüfbare Abgrenzung bietet *Kummer* bei der Beurteilung der Schutzfähigkeit des *Gomringer*schen Gedichts[276]. Es soll nach seiner Ansicht **knapp** die Grenze des Individuellen erreichen[277]. Wie es lauten müßte, um knapp **unter** der Grenze zu bleiben, weiß *Kummer* wohl allein.
Auch die rechten Winkel *Mondrians* erreichen **knapp** diese Grenze[278] und **gerade eben noch** könnte Schutz dem geraden Strich gewährt werden[279]. Beim „Schwarzen Quadrat" ist jedoch Schluß[280].

---

[272] S. 39ff.
[273] S. 31, 42.
[274] S. 42f. S. o. II 3a, aa (Fn 233)
[275] S. 43.
[276] Siehe oben Text zu Fn. 235.
[277] S. 33. Auf S. 184 steht der Schutz dieses Gedichts schon außer Zweifel.
[278] S. 48 und Abb. 10.
[279] S. 48 und Abb. 11.
[280] S. 48.

Worin im einzelnen das Manko des schwarzen Quadrats auf weißem Grund gegenüber der Geraden auf monochromer Fläche besteht, gibt *Kummer* nicht an[281].

Unschlüssig in der Anwendung des eigenen und von anderen übernommenen Kriteriums erscheint schließlich *Kummer* bei der Einstufung des *Rot*schen Gedichtanfangs[282] als **vielleicht** individuell.

Die angeführten Beispiele zeigen deutlich, daß derartige Abgrenzungen nicht nachprüfbar und letztlich willkürlich sind. Auch ist das Kriterium der Individualität im *Kummer*schen Sinne nicht praktikabel. Man stelle sich den Richter vor, der vergleichen soll, ob so etwas wie das *Gomringer*sche Gedicht oder ein *Mondrian* schon da ist oder sein könnte. Die Entscheidung, die er trifft, ist genauso willkürlich wie jene, die vom Begriff der persönlichen geistigen Schöpfung ausgeht. Es hat sich nur der Begriff geändert, ohne daß damit größere Klarheit erzielt worden wäre[283].

Das *Kummer*sche Kriterium hat zwar gegenüber dem geltenden Werkbegriff den Vorteil, mehr Werken den Urheberrechtsschutz zuteil werden zu lassen, ist jedoch wegen der dargestellten Bewertungsunsicherheit abzulehnen.

Otto Mayer scheint mit seiner Ansicht recht zu behalten[284]: „So ist es ja immer mit großen, folgerichtig durchgeführten Rechtsideen: irgendwo muß durchgeschnitten werden, und an der Schnittlinie sieht der Nichtjurist keinen rechten Grund, weshalb sie gerade da läuft. Zieht man sie aber anders, so entstehen noch viel mehr neue Bedenken dieser Art."

b) Werkbegriff in Anlehnung an Definitionen der Kunstwissenschaft

Eine weitere Möglichkeit, den Schutzgegenstand des Urheberrechts zu bestimmen, besteht darin, auf die Ergebnisse und Wertungen der Kunstwissenschaft zurückzugreifen.

Schon nach *Schanze*[285] sollte „ein Werk der bildenden Künste . . . das sein, was man im Leben und in der Wissenschaft darunter versteht."

Dem entspricht die Formulierung *Schmieders*[286], für den Kunst ist, „was von Sachkennern für wert gehalten wird, in Galerien gezeigt, in Zeitschriften ge-

---

281 Sollte es gar die Farbe sein? oder die durch den Strich bewirkte unregelmäßige Teilung? Dann würde vermutlich eine das Blatt halbierende Gerade ungeschützt bleiben.

282 S. 34.

283 Insofern hat *Troller* (InterGU Schriftenreihe Bd. 48,19) mit der Feststellung recht, daß *Kummers* Meinung sich nicht wesentlich von der bisherigen Rechtsprechung unterscheidet.

284 Verwaltungsrecht Bd. 2, 1. Aufl., S. 357.

285 Leipziger Zeitschrift 1908, Sp. 822.

286 UFITA Bd. 52 (1969) S. 107. Er will damit jedoch nur den Begriff Kunst definieren, nicht aber den Werkbegriff des Urheberrechts. Ihm zustimmend *Weissthanner* S. 34.

druckt, in Theatern und Konzertsälen aufgeführt zu werden, und was danach von den Kunstkritikern z. B. im Feuilleton der Presse gewürdigt wird."
Auch *Gerstenberg*[287], der mit Recht davon ausgeht, daß die Definitionen des Kunstwerks in der Rechtsprechung ungenügend sind, weil sie auf den Anschauungen um 1900 basieren, schlägt vor, zu prüfen, „wieweit die Definitionen der modernen Kunstwissenschaft und Philosophie für die juristische Beurteilung von Werken der bildenden Kunst herangezogen werden können"[288].
Zwar ist für ihn ein Kunstwerk „in kunsthistorischer und philosophischer Sicht immer ein Ganzes, in dem die Persönlichkeit des Künstlers erkennbar zum Ausdruck kommt und das über die äußere Form hinaus eine eigene geistige Bedeutung besitzt"[289]. Er gibt jedoch zu[290], daß die beteiligten Verkehrskreise (Künstler, Kunsthändler, Museumsfachleute und Sammler) sowie die aus diesen Kreisen zu bildenden Sachverständigenkammern[291] die Frage, ob ein Kunstwerk vorliegt, im Zweifel besser beurteilen können als die „mit Kunstdingen vertrauten und für den Anruf der Kunst empfänglichen Laien"[292].
Wie *Knies*[293] zutreffend darstellt, ist von der wissenschaftlichen Ästhetik jedoch keine Hilfe für die Bildung eines praktikablen juristischen[294] Kunstbegriffs zu erwarten. So ist eine Subsumtion unter ästhetische Theorien oder Definitionen (insbesondere auf Grund der Abstraktionshöhe ihrer Formulierungen[295] vielfach nicht möglich[296]. Darüber hinaus besteht in Kunstwissenschaft und Philosophie keine Übereinstimmung in der Bestimmung des Begriffs „Kunst"[297]. Vom Satz des

---

287 GRUR 1963, 245ff. u. 1974, 707, 710.
288 GRUR 1963. S. 250 Punkt 1.
289 Punkt 2.
290 Punkt 3.
291 für die er schon in GRUR 1954, 523 eintrat.
292 BGHZ 27,351 = GRUR 1958, 563 = UFITA Bd. 26 (1958) S. 235 „Candida-Schrift", Leitsatz 2.
293 S. 142ff., 285.
294 *Knies* befaßt sich zwar mit dem verfassungsrechtlichen Kunstbegriff, doch treffen seine Argumente in Bezug auf die Übernahme außerjuristischer Definitionen für jeden juristischen Bereich, also auch für das Urheberrecht zu.
295 S. 142.
296 z. B. *Thomas von Aquin* (Summa Theologiae I 5,4 ad 1; I 39, 8c; zitiert nach *Kovach* S. 33ff.): „Pulchra dicuntur, quae visa placent." „Ad pulchritudinem tria requiruntur: integritas, consonantia, claritas." F. Th. *Vischer* (Aesthetik Bd. I Einl. § 8, S. 40): „subjektiv-objektive Wirklichkeit des Schönen". M. *Heidegger* (Holzwege S. 7): „das Sich-ins-Werk-Setzen der Wahrheit des Seienden" sowie die sogenannte Brockhaus-Formel (1955 Bd. 6 S. 706) (zu ihrer Anwendung im Verfassungsrecht ausführlich *Knies* S. 129): „die Gestaltung eines seelisch-geistigen Gehalts durch eine eigenwertige Form nach bestimmten Gesetzen",
297 Nach *Geiger* (zitiert nach *Knies* S. 144) wird „die Ästhetik gleich einer Wetterfahne von jedem philosophischen, kulturellen, wissenschaftstheoretischen Windstoß herumgeworfen, bald metaphysisch betrieben und bald empirisch, bald normativ und bald deskriptiv, bald vom Künstler aus und bald vom Genießenden."

Augustin „Kunst ist, was Künstler machen“[298], seiner Abwandlung durch *Schwitters* „Alles, was der Künstler spuckt, ist Kunst“[299] und seiner Umkehrung „Art is not what artists do“[300] über die Reduktion auf „Kucken und Kacken“[301] bis zur lapidaren Feststellung „Alles ist Kunst“[302] reicht die Palette der Versuche, Kunst zu definieren.
Diese Vielfalt der Kunstheorien und die insofern zwangsläufig verschiedene Einstufung eines künstlerischen Erzeugnisses würde im juristischen Bereich zu letztlich willkürlichen Urteilen und Rechtsunsicherheit führen. Die Beurteilung, ob ein urheberrechtlich schützbares Werk vorliegt, kann deshalb nicht den Kunstwissenschaftlern überlassen werden.

c) Kriterium der absoluten Einmaligkeit

Zu suchen ist ein Kriterium, das eine willkürliche oder nicht nachprüfbare Bewertung nicht zuläßt. *Kummer* hat mit seinem Vorschlag einen Weg gewiesen, indem er den Schutz von der Einmaligkeit des Werks abhängig machte. Zwar ist die statistische Einmaligkeit wegen der dargestellten Abgrenzungsschwierigkeiten abzulehnen, als Schutzvoraussetzung könnte jedoch die absolute Einmaligkeit in Betracht kommen.
Ein Werk könnte nur dann urheberrechtlichen Schutz beanspruchen, wenn es zu keiner Zeit und von keinem anderen so hervorgebracht werden könnte. Das Ergebnis könnte etwa demjenigen entsprechen, das die Verfechter besonders hoher Schutzvoraussetzungen (wie persönliche Prägung, Stempel der Persönlichkeit)[303] anstreben.
Abgesehen davon, daß der Bereich der geschützten Werke stark eingeschränkt würde, ein Großteil der gegenwärtig ohne weiteres als geschützt angesehenen Werke den Urheberschutz verlieren würde, bestehen gegen ein derartiges Kriterium auch grundsätzliche Bedenken. Berücksichtigt wird dabei nämlich nicht, daß Werke letztlich nur Kombinationen von Elementen sind, sei es aus Tönen, Buchstaben, Farbflecken etc. Die Anzahl ihrer Kombinationsmöglichkeiten kann zwar sehr hoch sein, ist jedoch begrenzt.
Je nach Komplexität eines Werkes ist es mehr oder weniger wahrscheinlich, daß es wiederholt wird[304], so daß also kein Werk Anspruch auf absolute Einmaligkeit besitzt.

---

[298] Vgl. zu Augustins und der antiken Ästhetik *Schasler* 2. Abschnitt, 1. Buch.
[299] Nach *Rotzler* S. 199.
[300] *Filliou* bei *Ohff* S. 177.
[301] *Roth*, Katalog S. 15.
[302] *Filliou, Ben Vautier* bei *Ohff* S. 178, 183, *Andy Warhol* bei *Crone* S. 71 oder dem entsprechenden ‚All is pretty“ *Warhols* (vgl. *Ohff* S. 142). Beispiel 13 *(Vautier)*.
[303] Siehe oben Fn. 14.
[304] Ende des letzten Jahrhunderts erdachte K. *Laßwitz* (zit. nach *Kracke* S. 181) eine Universalbibliothek, in der alles enthalten sein sollte, was jemals gedacht worden ist,

d) Kriterium der relativen Einmaligkeit

Ausgehend davon, daß Werke nicht absolut einmalig sein können, ist in Betracht zu ziehen, als Abgrenzungskriterium den Grad der Wahrscheinlichkeit zu wählen, mit der die Wiederholung eines Werks zu erwarten ist.
Schutzfähig wären dann Werke, bei denen eine Wiederholung wenig wahrscheinlich ist. Dies ist umso eher der Fall, je komplexer sie sind, je mehr Elemente sie enthalten[305]. Demgegenüber besteht bei künstlerischen Erzeugnissen mit wenigen Elementen auf wenigen Stellen eine größere Wahrscheinlichkeit der Zweitschöpfung[306].
Die für eine exakte Abgrenzung notwendige Festlegung einer bestimmten Grenze ist durchaus möglich. Schwierigkeiten ergeben sich jedoch aus der Verschiedenartigkeit der Elemente und ihrer im Einzelfall verschiedenen wechselseitigen Bedeutung.
So sind Elemente eines Musikwerks außer der Tonhöhe auch die Dynamik, der Rhythmus und die Klangfarbe. Diese Elemente stehen nicht gleichwertig nebeneinander. Je nach Art des Stücks kann die Dynamik, der Rhythmus oder die Tonhöhe (Melodie) dominieren. Entsprechendes gilt für die bildende Kunst, aber auch für die Literatur. Schon einfache Werke weisen insofern viele Elemente mit entsprechend vielen Kombinationsmöglichkeiten auf.
Berücksichtigt man jedoch auch Erkenntnisse der Informationstheorie (z. B. über die Rolle der Redundanz[307]) oder der Statistik über den Aufbau einer Sprache[308], verringert sich die zunächst errechnete Anzahl der Möglichkeiten wieder.

---

gedacht werden wird und gedacht werden kann. Um die Sprachen der Welt zu fixieren, sollten 100 Zeichen (Buchstaben, Chiffren, Leerstellen) ausreichen. Würden alle möglichen Kombinationen gedruckt, umfaßte diese Bibliothek bei 1 Million Zeichen pro Band nach seiner Berechnung $10^{2\,000\,000}$ Bände. Der erste Band würde nur Leerstellen beinhalten, darauf würden 1 Million Bände mit dem Buchstaben a zwischen 999 999 Leerstellen folgen. In späteren Bänden wäre schließlich alles, ob Bibel, Faust, Das Große Lalula oder das Grundgesetz, ja sogar die Zeitung von morgen enthalten. Vergleichbare Überlegungen stellte vorher schon *Swift* in dem berühmten 5. Kapitel des 3. Teils von Gullivers Reisen (it 58,260f.) an. In diesen Zusammenhang gehören auch die Systeme *Raimund Lulls* und *Athanasius Kirchners*. (*Hocke* II S. 55ff.; zu *Lull Platzeck* Bd. I 6. Kapitel; *Viehweg* S. 78f.).

305 Diese Lösung entspricht dem *Kummer*schen Vorschlag, nur soll hierbei die Grenze zahlenmäßig festgelegt und die Abgrenzung wissenschaftlich vorgenommen werden.

306 Dies wird von *Hanser-Strecker* (S.53 Fn. 11) am Beispiel der Schlagermusik mit ihrem begrenzten Tonumfang sowie weiteren Beschränkungen dargestellt. „Die musikalischen Ausdrucksmöglichkeiten werden schließlich völlig ausgeschöpft werden, wenn die ‚Schlagerproduktion' mit Hilfe von elektronischen Rechenanlagen betrieben wird. Im Zuge einer solchen maschinellen Herstellung von Musik wird es bald keine neuen musikalischen Gedanken im Umfang von 16 bis 32 Takten mehr geben. Nach den Gesetzen der Wahrscheinlichkeitsrechnung wird ein Computer aber zwangsläufig bzw. zufällig auch solche Werke generieren, die bereits von anderen Komponisten geschaffen worden sind."

307 *Franke* S. 81 ff.; *Moles* S. 18 ff.

308 *Steinbuch* S. 318; *Pierce* S. 66 ff.

Zwar erscheint eine derartige Analysierung und Beurteilung eines Werks schwierig und umfangreich[309], doch ist das Kriterium der relativen Einmaligkeit deswegen nicht unbrauchbar[310]. Eine mit Hilfe der Wissenschaft erreichbare Exaktheit und Klarheit der Abgrenzung sollte nicht ohne weiteres zugunsten einer (wie dargestellt) willkürlichen Beurteilung von der Hand gewiesen werden.
Auch dieses Kriterium setzt eine Schutzgrenze voraus. Ist diese Grenze einmal bestimmt, kann eindeutig festgestellt werden, ob ein Werk schutzfähig ist oder nicht. Die Grenze muß jedoch erst gezogen werden. Ein zwingender Grund für einen bestimmten Grad der Wahrscheinlichkeit der Wiederholung besteht nicht, so daß wiederum jede Festsetzung als willkürlich angesehen werden kann.
Nicht die Schwierigkeit der exakten Einstufung eines Werks, sondern die Willkür bei der Grenzziehung führen zur Ablehnung dieser Möglichkeit[311].

e) Verzicht auf Abgrenzungskriterium

Ob die Abgrenzung zwischen urheberrechtlich geschütztem Werk und ungeschütztem Erzeugnis von der künstlerischen Qualität oder der Individualität ausgeht, als freie Bewertung durch den Beurteilenden oder mit Hilfe wissenschaftlicher Methoden wie Informationstheorie oder Statistik durchgeführt wird, in jedem Fall ist dabei Willkür festzustellen. Willkürlich ist entweder die Art der Abgrenzung, die Grenzziehung oder beides. Es scheint insofern keine Möglichkeit zu bestehen, frei von Willkür zwischen urheberrechtlich zu schützenden und nicht schützbaren Werken zu unterscheiden.
Diese Erkenntnis läßt den Versuch sinnvoll erscheinen, auf eine derartige Abgrenzung zu verzichten. Urheberrechtlich geschützt wäre dann jedes Werk, wobei dieser Werkbegriff jede sinnlich wahrnehmbare Form umfaßt, die einem Urheber zugeordnet werden kann.

---

[309] Es erklären sich damit auch die Schwierigkeiten bei Anwendung der *Kummer*schen Theorie. Was wissenschaftlich nur mit größtem Aufwand errechnet werden kann, soll der Jurist durch eine Überlegung, einen Vergleich bewerten.

[310] *Kummer* (S. 29 Anm. 65) scheint von dieser Methode nicht viel zu halten: „Ob es jemals gelingen werde, die den Rechtsschutz auslösende ‚Qualität' beispielsweise in einem Quotienten auszudrücken, ist für das Recht deswegen eher eine zweitrangige Frage, weil, wenn nicht alle Anzeichen trügen, jede Disziplin immer mehr eine Alleingangssprache entwickelt und ein Gespräch über die Grenze, etwa zwischen Jurist und ‚mathematischem' Ästhet, ohnehin nicht mehr möglich sein wird, wenn die rationale Ästhetik einmal zur ‚Formel' gelangen sollte." Auch auf die Gefahr hin, willkürliche Entscheidungen zu treffen, verzichtet er also von vornherein auf das „Gespräch über die Grenze".

[311] Ähnlich *Knies* S. 147: „Der Umstand allein, daß ein bestimmtes Merkmal quantitativ faßbar ist, besagt ja noch nichts über seine ästhetische Relevanz. Die Entscheidung, ob und welcher ästhetische Stellenwert einem solchen Element zukommt, liegt jenseits der exakt-mathematischen Methode, ist Gegenstand einer Wertung." Auch *Girth* (S. 33 Fn 149) kommt zu ähnlichem Ergebnis, begnügt sich jedoch schließlich mit der *Kummer*schen Theorie.

aa) Unverzichtbare Voraussetzungen

Auf die Formung kann nicht verzichtet werden, weil sich der Schutz des Urheberrechts nur auf wahrnehmbar Gemachtes bezieht. Ideen, Lehren oder Anweisungen werden auch von diesem Werkbegriff nicht erfaßt. Nach § 1 UG genießen die Urheber für ihre Werke Schutz. Insofern muß auch eine Urheberschaft im Sinne einer persönlichen Beteiligung bestehen. Unabhängig von Menschen entstandene Formungen wie Gesteinsbrocken oder Pflanzenteile genießen keinen urheberrechtlichen Schutz[312].

bb) Unmittelbare Auswirkungen

Offenkundig ist, daß der Verzicht auf eine Schutzgrenze eine Ausweitung des Urheberrechtsschutzes darstellt. Bis auf die vorgefundenen Gegenstände, deren Schutzfähigkeit später erörtert werden soll, werden alle eingangs aufgeführten Beispiele moderner Kunst von diesem Werkbegriff erfaßt, wären also urheberrechtlich geschützt.

Es entfiele damit die Diskrepanz zwischen juristischer und künstlerischer Bewertung, und den Juristen bliebe der Vorwurf erspart, sich künstlerisch ein halbes Jahrhundert im Rückstand zu befinden[313].

Vor allem erfolgt die Zuerkennung des urheberrechtlichen Schutzes automatisch, ohne Abwägung oder sonstige nicht nachprüfbare Überlegungen. In diesem Bereich besteht somit nicht mehr die Gefahr willkürlicher Entscheidungen.

Zu überprüfen ist, welche Auswirkungen der Verzicht im einzelnen hat und ob er sich mit den urheberrechtlichen Regelungen vereinbaren läßt.

Festzustellen ist zunächst, daß die bisher geschützten Werke von der Ausweitung des Urheberrechtsschutzes nicht berührt werden. Abweichungen ergeben sich nur bei Werken, die bisher unterhalb der Schutzgrenze liegen, sei es der der persönlichen geistigen Schöpfung oder der der *Kummer*schen Individualität. Bei der Darstellung des Urheberschutzes derartiger Werke ist zu unterscheiden zwischen den Rechten am Original oder Vervielfältigungen und den Rechten gegenüber abhängigen Nachschöpfungen.

(1) Dem Urheber stehen am seinem Werk die Persönlichkeitsrechte der §§ 12 bis 14, 25 UG zu. Gerade im Bereich dieser Rechte ist es unbegreiflich, einen Urheber z. B. nicht bestimmen zu lassen, wann und wie **sein** Werk zu veröffentlichen ist oder ob und wie es mit einer Urheberbezeichnung zu versehen ist, nur weil es nicht als persönliche geistige Schöpfung eingestuft wird. Auch das Zugangsrecht (§ 25 UG) von einer Wertung abhängen zu lassen und es Künstlern

---

312 Siehe zur Schutzfähigkeit vorgefundener Gegenstände unten III 5.

313 Ein Vorwurf, der oft genug berechtigt ist, vgl. *Gerstenberg* § 2,16; *Nordemann* UFITA Bd. 50 (1967) S. 907ff.; *Samson* UFITA Bd. 72 (1975) S. 98: „Noch hat die Beerdigung der freien Kunst nicht stattgefunden, und ich glaube, daß die Erhaltung des Schöpferischen in der Kunst und der gesamten Kultur nicht nur im Bereich des Rechts unser Ziel sein sollte."

wie *Malewitsch* oder *Fontana* zu verwehren, ist eine Folge des geltenden Werkbegriffs, die durch den Verzicht auf eine Schutzgrenze bzw. auf ein Schutzkriterium vermieden wird.
Neben den Persönlichkeitsrechten erhält der Urheber auch die Befugnis, sein Werk gemäß den §§ 15, 16 bis 22, 26, 27 UG zu verwerten. Auch durch die Gewährung dieser Rechte werden die Urheber nicht ungebührlich bevorzugt. Im Gegenteil erscheint es unbillig, ihnen die wirtschaftlich bedeutsamen[314] Verwertungsrechte vorzuenthalten. Nur weil die Schutzgrenze nicht erreicht wird, soll der Urheber nach geltendem Recht bei der Nutzung seines Werkes durch andere leer ausgehen.
Gerechter scheint es zu sein, daß derjenige, der Interesse an einem Werk und seiner Nutzung hat, sich vom Urheber ein Nutzungsrecht einräumen läßt. Jegliche Beurteilung des Werks nach seiner Qualität oder Individualität hat dabei außer acht zu bleiben. Wer die Leistung oder das Werk eines anderen ausnutzen will, soll dies nur unter Beteiligung des Urhebers tun können.
Die Interessen der Allgemeinheit werden durch die Ausweitung des Urheberschutzes nicht berührt. Ihnen wird durch die Vorschriften der §§ 45ff. UG ausreichend Rechnung getragen.
(2) Über die Rechte an seinem Werk hinaus kann der Urheber eines geschützten Werks auch die Verwertung von abhängigen Werken verbieten. Durch den Wegfall der Schutzgrenze könnte insofern die Gefahr bestehen, daß unter Verwendung gemeinfreier Elemente geschaffene Werke durch ihren Schutz die Verwendung dieser Elemente durch andere hindern. Der Pianist, der untätig vor seinem Instrument sitzt, könnte dadurch das Stück 4'33 von *John Cage* plagiieren oder derjenige, der eine Leinwand mit einer Farbe vollpinselt, das Urheberrecht des *Yves Klein* an seinen monochromen Bildern verletzen. Auch dürfte dann niemand mehr ohne Einwilligung *Fontanas* eine aufgeschlitzte Leinwand veröffentlichen oder verwerten.
Grundsätzlich ist davon auszugehen, daß jeder Urheber auf Schöpfungen, Ideen und Gedanken seiner Vorgänger aufbaut[315] und außerdem Material der Natur oder der Geschichte verarbeitet[316]. Auch sind, wie schon dargestellt, die Grundelemente eines Werks stets Elemente des Gemeinguts. Die Möglichkeit, Elemente des Gemeinguts zu nutzen, muß dem Urheber erhalten bleiben. Das Schaffen anderer Urheber darf also nicht eingeengt werden durch den Schutz eines Werks, der diese geistigen Quellen mitumfaßt[317].
Nach allgemeiner Ansicht wird deshalb nur dem persönlichen, individuellen Beitrag des Urhebers Schutz gewährt. Erschöpft sich ein Werk in der Benutzung

---

[314] Ein bei Computergraphiken, aber auch bei Erzeugnissen des Kunstgewerbes bedeutsamer Aspekt; zum Verhältnis Urheberrecht–Gebrauchsmusterrecht siehe unten III 2.
[315] Nach *Runge* (S. 135) steht jeder Autor irgendwie auf einer Schulter seines Vordermanns.
[316] *Fromm/Nordemann* § 24,1; *Ulmer* S. 110; *Hanser-Strecker* S. 45.
[317] *Hubmann* S. 29f.

gemeinfreier Elemente, bleibt es ungeschützt[318]. Diese Elemente sollen nicht für andere Künstler blockiert werden. Als Konsequenz davon werden Urhebern nicht individueller Werke die Persönlichkeits- und Verwertungsrechte an ihren Werken vorenthalten.
Der Grundfehler dabei ist die irrige Vorstellung, im Einzelfall geschütztes Gemeingut könnte andere an der Benutzung eben dieses Gemeinguts hindern. Wie noch dargestellt werden wird, besteht jedoch bei Werken, die nur Gemeingut enthalten, ohne individuell zu sein, z. B. einem Dreieck, dem Alphabet oder einer Tonleiter, keinerlei Schutz gegenüber abhängigen Nachschöpfungen. Geschützt sein kann nur das Werk als Original, Plagiate sind nicht möglich.
Die Erkenntnis, daß nur individuelle Werke zu plagiieren sind, führte dazu, die Individualität als Schutzvoraussetzung anzusehen. Die unbegründete Verknüpfung Individualität = Schutzfähigkeit berücksichtigt jedoch nicht, daß Urheberschutz bezüglich des Originals nicht unbedingt auch Schutz gegen abhängige Werke bedeuten muß, sondern daß letzterer je nach Individualität des Werkes unabhängig vom vollen Urheberrechtsschutz bezüglich des Originals gegen Null gehen kann. Den Extremfall stellt ein Werk dar, das keinerlei individuelle Züge aufweist. Bei vollem urheberrechtlichen Schutz bezüglich der persönlichkeits- und verwertungsrechtlichen Befugnisse ist es nur noch gegen die bloße Reproduktion, die Kopie geschützt. Sonstiger Schutz gegen abhängige Werke bestehen nicht[319]. Dieses Ergebnis erhält man bei schlichter Anwendung der urheberrechtlichen Vorschriften über die Bearbeitung und freie Benutzung.
Bearbeitungen sind abhängige Nachschöpfungen, in denen das Erstwerk in seinem Wesenskern erhalten bleibt, seine Individualität erkennbar ist[320]. Verblassen jedoch angesichts der Individualität des neuen Werks die Züge des benutzten Werks[321], löst sich das Zweitwerk von der Vorlage[322], liegt eine freie Benutzung vor, die vom Urheberrecht am Erstwerk nicht berührt wird. Dabei ist festzustellen, daß eine freie Benutzung umso weniger in Betracht kommt, je ausgeprägter die Eigenart des Erstwerks ist[323]. Dagegen genügen bei Werken mit

---

[318] Siehe oben Fn. 30.

[319] Dies stellten schon *Köhler* (S. 84), *Dietz* (S. 9) und *Heim* (S. 74) fest, ohne jedoch die unrichtige Verknüpfung Individualität–Schutzfähigkeit aufzudecken und Konsequenzen bezüglich des Werkbegriffs zu ziehen. *Dietz* erkennt bei der Untersuchung der Schutzfähigkeit der Fallenbilder Spoerris, die er schließlich bejaht, „daß der Schutzumfang auf die unmittelbare Reproduktion beschränkt ist, weil jede Abweichung nicht mehr als Nachahmung erkennbar wäre". Nach *Heim* schrumpft der Schutz entpersönlichter Gebilde der Gegenwartskunst bzw. von Zufallsprodukten „mitunter auf den Schutz gegen bloßes Kopieren zusammen".

[320] *Fromm/Nordemann* § 24,2.

[321] *Ulmer* S. 163.

[322] *Fromm/Nordemann* § 24,2.

[323] RGZ 169,114; BGH in GRUR 1958,500 = UFITA Bd. 26 (1958) S. 22 „Mecki-Igel I"; GRUR 1960,251 = UFITA Bd. 31 (1960) S. 233 „Mecki-Igel II"; GRUR 1961,632 = UFITA Bd. 43 (1964) S. 149 „Fernsprechbuch"; *Hubmann* S. 167. Siehe auch oben Fn 64.

geringer Individualität schon geringfügige Änderungen, um eine freie Benutzung anzunehmen[324]. Unabhängig von § 24 UG ist das Gemeingut von jedermann frei zu benutzen[325].
Individuell ist ein Werk nur dann, wenn die Persönlichkeit des Urhebers zum Ausdruck kommt. Nur ein individuelles Werk kann plagiiert werden. Ein Werk, das lediglich Gemeingut enthält, kann dementsprechend nicht als Vorlage für ein anderes dienen. Das Zweitwerk kann genausogut ohne Kenntnis des Erstwerks entstehen.
Zwischen den extremen Möglichkeiten eines starken individuellen Werks, das kaum eine freie Benutzung zuläßt, und dem lediglich Gemeingut enthaltenen Werk ohne persönliche Prägung, zu dem abhängige Nachschöpfungen nicht möglich sind, liegen Werke, bei denen je nach Grad ihrer Individualität abhängige Nachschöpfungen mehr oder weniger möglich sind. Die Grenze zwischen plagiierbaren und nicht plagiierbaren Werken ist dort zu ziehen, wo nach geltendem Recht die Schutzgrenze für urheberrechtlich zu schützende Werke verläuft. Nur insofern ist das Kriterium der persönlichen geistigen Schöpfung von Bedeutung.
Erst die Vermischung der Sachverhalte, die Verknüpfung bzw. Gleichsetzung von Plagiierbarkeit eines Werks und seiner Schutzfähigkeit, für die keine Begründung gegeben wird und wohl auch nicht gefunden werden kann, führte zu der gegenwärtigen Rechtslage, in der Individualität als Voraussetzung für den urheberrechtlichen Schutz gefordert wird, sei es nun Individualität im Sinne einer persönlichen geistigen Schöpfung oder verstanden als statistische Einmaligkeit.
Eine Aushöhlung trat jedoch mit der Anerkennung der sogenannten „Kleinen Münze des Urheberrechts" ein, die aus dem Bedürfnis heraus entwickelt worden war, auch weniger individuellen Werken wie Katalogen, Preislisten, Fahrplänen usw. urheberrechtlichen Schutz zukommen zu lassen. Das Kriterium der Individualität im Sinne einer persönlichen geistigen Schöpfung konnte nur noch durch äußerst weite Auslegung als erfüllt angesehen werden, was zwar nie völlig befriedigend erschien, jedoch mehr oder weniger hingenommen wurde. Insofern rächte sich die sachlich nicht gebotene und letztlich falsche Verknüpfung von Individualität und Schützbarkeit.
Anstatt den (richtigen) durch Anerkennung der „Kleinen Münze" gewählten Weg konsequent weiterzugehen, nämlich die Schutzfähigkeit klar von der Individualität zu trennen, wurde im Gegenteil erwogen, wieder strenge Voraussetzungen für den urheberrechtlichen Schutz zu fordern[326]. Im übrigen behilft man sich, um

---

[324] *Köhler* S. 85.
[325] Allg. Ansicht *Fromm/Nordemann* § 24,1; *Ulmer* S. 36.
[326] *Hubmann* S. 36 f.; *Fromm/Nordemann* § 2, 6, 13, 16; *Samson* UFITA-Schriftenreihe Heft 32, S. 12 ff.; *Heydt* GRUR 1968, 530,535; *v. Rauscher auf Weeg* GRUR 1967,576; *Troller* S. 419 f.; *Rintelen* S. 49 f. Andere halten die „Kleine Münze" weiterhin für eine „gültige Währung", zeigen jedoch keine Neigung, sich von einer Schutzgrenze zu trennen. Siehe *Schmieder* GRUR 1968,79 ff.; *Gerstenberg* § 2,11; *Mestmäcker/Schulze* § 2,2.

auch einfachen Werken Urheberschutz zu gewähren, mit einer weiten Auslegung des Werkbegriffs und mühsamen Subsumtionen.
Nach dem hier vorgeschlagenen Werkbegriff sind derartige Auslegungen nicht mehr notwendig. Jeder Urheber wird ohne weiteres in seinen geistigen und persönlichen Beziehungen zum Werk und in der Nutzung des Werks geschützt, wie es § 11 UG vorsieht. Der Praxis wird eine schwierige, wenn nicht unmögliche Abgrenzung erspart.
Lediglich bei der Frage, ob eine abhängige Nachschöpfung vorliegt, ist eine derartige Prüfung noch vorzunehmen. Hierbei kann jedoch das Kriterium der persönlichen geistigen Schöpfung zugrundegelegt werden und zwar auf dem hohen Niveau, das oft gefordert wurde, jedoch letztlich nicht zu halten war. Der Umfang des Schutzes gegen abhängige Nachschöpfungen richtet sich nach der Individualität des Werks. Bei der Beurteilung der Schutzwürdigkeit eines Werks gegenüber anderen Werken ist eine Aushöhlung des Kriteriums „persönliche geistige Schöpfung" nicht zu befürchten.
Auf die angeführten Beispiele angewandt, führt der vorgeschlagene Werkbegriff zu folgenden Ergebnissen. Wird in einem Konzert das Stück 4'33 von *Cage* aufgeführt, ist dies nur mit der Einwilligung des Komponisten zulässig. Das Nichtstun eines Pianisten auf der Bühne ohne Bezug auf *Cage* verletzt jedoch nicht das Urheberrecht *Cages*. Schweigen oder Nichtstun ist ein Element des Gemeinguts, kann also nicht plagiiert werden. Der Pianist könnte sein Schweigen auch als eigenes Werk ausgeben. Er zeigt jedoch durch die Angabe des Namens des Komponisten, daß er ein fremdes Werk „spielt".
Auch entstehen durch monochrome Bilder keine Plagiate der Bilder *Kleins*. Dieser hat jedoch z. B. bei einer Weiterveräußerung eines seiner Bilder das Folgerecht gemäß § 26 UrhG sowie alle anderen Rechte an diesem Bild.
Am Beispiel *Fontanas* läßt sich auch zeigen, daß derart minimal oder nicht individuelle Werke unter Umständen einer Bearbeitung fähig sein können. Diese setzt jedoch eine deutliche Bezugnahme auf das Erstwerk voraus, ohne die sie als abhängige Nachschöpfung nicht erkennbar wäre. So läßt sich nur durch die Buchstaben und Buchstabenteile im Bild *Jiří Kolářs* feststellen, daß ein Schnitt *Fontanas* dargestellt werden soll[327].
Die Anwendung des Kriteriums „persönliche geistige Schöpfung" bei der Prüfung, ob ein Plagiat eines Werks vorliegt, ist ebenso willkürlich wie sie bei der Prüfung der Schutzfähigkeit oben dargestellt wurde. Anders als dort ist jedoch eine Bewertung nicht zu vermeiden. Der Grund dafür besteht in dem Begriff der „Abhängigkeit", die nicht eindeutig oder wissenschaftlich exakt bestimmt werden kann. Die Bewertungsunsicherheit in diesem Bereich ist insofern nicht zu vermeiden.
Während nach dem geltenden Recht zwei Prüfungen mit willkürlichen Überlegungen vorgenommen werden müssen, erstens die bezüglich der Schutzfähigkeit eines Werks und danach die, ob eine abhängige Nachschöpfung vorliegt, muß bei

---

[327] Siehe Beispiel 8.

Anwendung des vorgeschlagenen Werkbegriffs nur noch die letztere durchgeführt werden. Dieser Werkbegriff und der Verzicht auf ein Kriterium für die Schutzfähigkeit bringen also nur eine Änderung im Bereich der Urheberrechte am Original, bezüglich der Rechte gegenüber abhängigen Nachschöpfungen ändert sich gegenüber der gegenwärtigen Rechtslage nichts.

III. Auswirkungen

Über die Ausweitung des Urheberschutzes hinaus hat der Verzicht auf ein Schutzkriterium und damit auf eine Schutzgrenze Auswirkungen in dogmatischer Hinsicht.

1. Kleine Münze

So werden diejenigen Werke, die bisher an der unteren Grenze der Schutzfähigkeit lagen, die sogenannte „kleine Münze des Urheberrechts"[328], ohne weiteres geschützt; dieser Begriff ist überflüssig geworden.

2. Geschmacksmusterrecht

Ebenfalls überflüssig geworden ist das Geschmacksmusterrecht, das nach allgemeiner Meinung[329] unterhalb des Urheberrechts angesiedelt ist. Werke, die bisher nur als Geschmacksmuster geschützt waren, sind bei Zugrundelegung des vorgeschlagenen Werkbegriffs urheberrechtsfähig. Sie werden also durch das GMG und das UrhG geschützt.

Auch nach dem geltenden Recht besteht für gewerbliche Muster oder Modelle die Möglichkeit, sowohl als Geschmacksmuster als auch als Kunstwerk Schutz zu genießen, sofern sie die Voraussetzungen beider Gesetze erfüllen, insbesondere persönliche geistige Schöpfungen sind. Durch den Wegfall der Schutzgrenze besteht diese Konkurrenz bei Mustern und Modellen jedoch in jedem Fall. Für ein urheberrechtlich geschütztes Werk ist aber der Schutz durch das GMG ohne Bedeutung, da die urheberrechtliche Regelung vorteilhafter ist[330]. Das Geschmacksmusterrecht wird also durch den neuen Werkbegriff faktisch außer Kraft gesetzt. Das überflüssig gewordene GMG sollte deshalb aufgehoben werden[331].

---

[328] Siehe oben Fn. 34.

[329] Siehe oben Fn. 47.

[330] Siehe oben I 1 c, aa.

[331] Schon kurz nach Inkrafttreten des Kunstschutzgesetzes von 1907 wurde u. a. von *Osterrieth* und *Riezler* (m. w. N.) das GMG für entbehrlich gehalten. *Osterrieth*, S. 222: „Die gesamte künstlerische Betätigung auf dem Gebiet des Gewerbes fällt unter das Kunstschutzgesetz, sie bildet zugleich das Anwendungsgebiet des Musterschutzes."

Aufgrund der Existenz zweier Gesetze, des GMG und des KUG wurden schon früh Abgrenzungsversuche unternommen, die jedoch keine befriedigenden Ergebnisse hervorbrachten[332].

Die vom Reichsgericht entwickelte und überwiegend vertretene[333] graduelle Unterscheidung bringt die Schwierigkeit mit sich, einerseits den Grad des im Werk zum Ausdruck kommenden ästhetischen Gehalts berücksichtigen zu müssen[334], andererseits nicht den Wert der künstlerischen Leistung in Rechnung stellen zu können[335]. Aus dieser Bewertungsschwierigkeit hilft man sich, indem einerseits die Schutzgrenze für das Urheberrecht nicht zu niedrig abgesteckt wird[336], im Zweifel aber zugunsten des Urhebers entschieden wird[337], ihm also urheberrechtlicher Schutz zugebilligt wird.

Der Wegfall der Schutzgrenze macht diese die Einheit der Kunst nicht berücksichtigenden und insofern dem zu regelnden Gegenstand nicht angemessenen[338] Unterscheidungsversuche überflüssig und schafft damit Klarheit[339].

Auch Muster oder Modelle genießen also vollen urheberrechtlichen Schutz. Jede Nutzung kann nur mit Einwilligung des Urhebers erfolgen. Je individueller sie sind, desto größer ist ihr Schutz gegenüber abhängigen Nachschöpfungen;

Riezler, S. 459: „Eine abgrenzende Linie zwischen den dem KUG unterstellten kunstgewerblichen Erzeugnissen und den Gegenständen des Geschmacksmusterschutzes (läßt sich) überhaupt nicht ziehen. Vielmehr sind alle Gegenstände, die des Geschmacksmusterschutzes teilhaftig werden können, auch nach dem KUG geschützt." und S. 460: „Die Aufhebung des ganzen (Musterschutz-)Gesetzes (wäre) die richtige Folge der Rechtslage, zu welcher die Entwicklung in Deutschland nun einmal geführt hat."

332 Vgl. die Übersichten bei *Furler* GMG S. 53 ff. und *v. Gamm* GMG Einf. 14 ff. Bezeichnend für derartige, sich nur an den bestehenden gesetzlichen Bestimmungen ohne Rücksicht auf den zu regelnden Gegenstand orientierende Überlegungen ist die *Wassners* (S. 90), daß, „wollte man die Werk-Individualitätsgrenze niedriger ansetzen, als sie gegenwärtig verläuft, . . . die Leistungen zu Werken und die Leistungsschutzrechte samt ihrer geringeren Schutzdauer gegenstandslos" (würden).

333 Siehe oben Fn. 47.

334 Std. Rspr., siehe oben Fn. 33.

335 Siehe oben u. I 1 a und RGZ 155, 205; BGHZ 29, 64.

336 RGZ 155,206; BGH in UFITA Bd. 76 (1976) S. 313, 317.

337 BGHZ 17,278 = UFITA Bd. 20 (1955), 322 f.; *Fromm/Nordemann* §§ 1,1,4; 2,6g.

338 Vgl. dazu die Aussagen von *Rosenthal* (Industriekurier v. 2. März 1967) und *Schwippert* (zitiert nach *Henssler*). *Rosenthal:* „Mir scheint es ein Vorurteil zu sein, daß man sagt, die freie Kunst hört auf, wo die viereckige Leinwand aufhört. Dieser Snobismus wird ja offenbar bei den numerierten wenigen Drucken eines Künstlers. Wenn es nur hundert Abzüge sind, dann ist es noch Kunst, wenn aber die Vase in tausend Exemplaren hergestellt wird, dann ist es keine mehr. Da zeigt sich schon die falsche Einstellung. Die richtige Einstellung ist die ästhetische Einwirkung durch das Produkt auf den Menschen, ob das ein Picasso, ein Rathaus oder ein Glas ist." – *Schwippert:* „Es ist im letzten Grunde die freie, spielende, die bildnerische Phantasie, die uns treibt. Die letzte sichtbare gestalterische Heimat aller dieser Formungen sind die freien Künste."

339 Die Folgen einer Abgrenzung, wie *Furler* (siehe oben Fn. 47) sie darstellt, werden vermieden. Auch entfällt der Vorwurf, logisch widerspruchsvoll zu argumentieren.

enthalten sie jedoch nur Elemente des Gemeinguts, bleibt der Schutz auf das einzelne Muster oder Modell beschränkt.
Das Urheberrecht an einem einfachen Karomuster wird also nur dann berührt, wenn es bewußt von anderen verwendet wird. Niemand wird jedoch gehindert, ebenfalls Karomuster zu entwerfen und zu benutzen. Gleiches gilt etwa für die Form einer Kaffeekanne, Die ungefähre Form wird vom Zweck bestimmt und gehört deshalb zum Gemeingut. Erst wenn über diese allgemeine Kaffeekannenform hinaus eine individuelle Gestaltung vorliegt, besteht die Möglichkeit eines Plagiats. Voraussetzung im derartigen Fall wäre etwa eine sehr ungewöhnliche Form der Kanne oder Individualität aufgrund des Zusammenwirkens von Form, Farbe und Mustern oder sonstigen Verzierungen.

3. Wissenschaftliche Werke, insbesondere Computer-Programme

Nach den gleichen Grundsätzen richtet sich der Schutz wissenschaftlicher Werke, wie Zeichnungen, Photographien, Beschreibungen, kartographischer Werke, Tabellen usw.[340].
Geschützt wird nur das äußere Erscheinungsbild, nicht jedoch das Dargestellte[341]. So ist bei einer Landkarte ihr Schutz auf die Darstellungsweise, z.B. Farbwahl, Beschriftung, Art der Generalisierung, beschränkt, er erfaßt nicht die „nackten Daten der topographischen Gegebenheiten"[342], wie Höhenmeter, Orts- und Geländenamen. Wird eine andere Karte desselben Gebiets angefertigt, liegt bei Verwendung dieser Daten keine Urheberrechtsverletzung vor. Gleiches gilt für naturwissenschaftliche Zeichnungen, Tabellen oder Beschreibungen irgendwelcher Phänomene. Das Dargestellte ist in der Natur vorhanden und jedem zugänglich, ob es sich um Gegenstände handelt oder um Gesetzmäßigkeiten. Daß der Urheber, der Wissenschaftler unter Umständen eine große Leistung aufbringen mußte, um die Tatsachen zu entdecken, ändert nichts daran, daß sie zum Gemeingut gehören, also auch von anderen dargestellt werden können.
Auch wenn die Tatsachen die Form bestimmen, wenn sie nicht anders als auf eine Art dargestellt werden können, diese Ausdrucksmöglichkeit also zum Gemeingut gehört[343], genießt die einzelne Darstellung Urheberschutz. Es entfällt nur die Möglichkeit eines Plagiats, d. h. es besteht kein Schutz gegenüber einer

---

[340] Vgl. zum Streit über die dogmatische Einordnung wissenschaftlicher Werke: *Ulmer* S. 108ff.; *Troller* S. 412ff.
[341] *Möhring/Nicolini* § 1,3d; *Hereth* NJW 1963, 2256ff.
[342] *Kummer* S. 116.
[343] Siehe oben Fn 26, 27.

selbständig entstandenen gleichlautenden Fassung[344]. Unzulässig ist lediglich die Übernahme der Darstellung durch Kopieren.
Ein Beispiel dafür bieten Computer-Programme. Sie werden in ihrer äußeren Erscheinung geschützt, können aber im Normalfall nicht als Vorlage für abhängige Nachschöpfungen dienen. Programme werden vom Zweck bestimmt, so daß bei gleichem Problem und gleicher Anlage im wesentlichen gleiche Programme entstehen werden[345]. Der Urheberschutz am einzelnen Programm hindert andere jedoch nicht, das gleiche Problem mit einem im wesentlichen gleichen Programm zu lösen. Lediglich die bloße Übernahme verletzt das Urheberrecht an dem Programm.
Sollte ein Programm nicht vollkommen zweckgerichtet sein, so daß unter Umständen eine individuelle Prägung vorliegt, wird es wahrscheinlich nicht als Vorlage benutzt werden. Die persönlichen Eigenheiten würden bei der Aufstellung des Zweitprogramms, das seiner Aufgabe entsprechend zweckgerichtet sein soll, vermieden werden. Erst wenn individuelle, nicht vom Zweck bestimmte Programme oder Programmteile übernommen werden, greift der Urheberschutz auch in diesem Bereich ein, besteht auch Schutz gegenüber abhängigen Nachschöpfungen.

4. Verwandte Schutzrechte

Die durch die „Verwandten Schutzrechte" im 2. Teil des UG geschützten Leistungen sind der Leistung des Urhebers zwar ähnlich, verwandt, werden jedoch nicht als schöpferische Leistungen, als Werke im Sinne des § 2 Abs. 2 UG angesehen[346]. Auf Grund des vorgeschlagenen Verzichts auf eine Schutzgrenze

---

344 Zum gleichen Ergebnis kommt (allerdings nur für den Bereich der wissenschaftlichen Werke) *Plander* (z.B. S. 60), er muß jedoch auf Grund seines theoretischen Ansatzes, auch nicht oder nur wenig individuell geformte wissenschaftliche Arbeiten als urheberrechtlich geschützte Werke anzuerkennen, sofern der wiedergegebene Inhalt (die wissenschaftlichen Ideen) die Individualität des Wissenschaftlers aufweist, Abgrenzungsschwierigkeiten (Leistungshöhe der wissenschaftlichen Erkenntnis/Mindestanforderungen der Formung) in Kauf nehmen. Bezeichnend ist auch bei diesem Vorschlag, daß (schon bei der Einführung der synonym benutzten Begriffe Idee und Erkenntnis wie auch bei den genannten Kriterien) lediglich die jeweilige Notwendigkeit eines Kriteriums betont wird, auf eine praktische Anwendung durch Beispielsgabe jedoch verzichtet wird (siehe auch oben Fn. 220).

345 *Troller* UFITA Bd. 50 (1967) S. 416; *Sidler* S. 34ff. (37); *Kummer* S. 202: „Das Programm für technische, wirtschaftliche und verwandte Aufgaben ist wissenschaftliches Werk, und zwar Werk, dessen Systematik und Darstellung die wissenschaftliche Aussage aufs rigoroseste vorschreibt." Anders *Ulmer*, Urheberschutz S. 17: „Grundsätzlich besteht eine Breite der Wahlmöglichkeit, die notwendigerweise dazu führt, daß, je umfangreicher das Programm wird, um so mehr die von verschiedenen Programmierern für dieselbe Aufgabe entwickelten Programme voneinander abweichen."

346 Begründung S. 33f. = UFITA Bd. 45 (1965) S. 247; siehe auch oben I 1c. bb.

werden auch nicht individuelle Werke, Werke, die Ergebnisse minimaler Leistung sind, geschützt, so daß auch im Bereich des Leistungsschutzes eine andere Beurteilung notwendig sein könnte.

a) Interpretation

So genießen die ausübenden Künstler nach geltendem Recht für ihre Interpretation lediglich Leistungsschutz (§§ 73 ff. UG), nach der Regelung des früheren Rechts (§ 2 Abs. 2 LUG) stand ihnen ein fiktives Bearbeiterurheberrecht zu. Die Ablehnung des Urheberrechtsschutzes[347] für die ausübenden Künstler wird damit begründet, daß schöpferische Künstler und nachschaffende Künstler grundsätzlich Verschiedenes leisten[348]. Auch zeichne sich der große Künstler durch Werktreue, nicht aber durch „selbstschöpferische Interpretation" aus[349]; die trotz aller möglichen Interpretationsfreiheit bestehende Bindung an das Werk schließe eine werkschöpferische Tätigkeit des Interpreten im urheberrechtlichen Sinne aus[350]. Befürchtet wird außerdem eine Hemmung der Entwicklung der ausführenden Künste durch den Urheberschutz für Interpretationen, da der Künstler dann gegen eine seiner Wiedergabe nachempfundene und ihr in wesentlichen Zügen entsprechende eines anderen Künstlers vorgehen könne[351]. Schließlich wird vorgebracht, Leistungsschutz reiche für die ausübenden Künstler aus, da sie „durchweg in einer wirtschaftlich günstigeren Situation als die Urheber" seien[352]. Unsere Epoche lasse nämlich unzweifelhaft „eine gewisse Unterbewertung der schöpferischen Leistung erkennen, die mit einer entsprechenden Überbewertung der bloßen Interpretation Hand in Hand geht"[353].
Den Schutzbereich eines Gesetzes nach der sozialen Lage der Betroffenen zu bestimmen, erscheint fragwürdig. Die Zuerkennung des Urheberrechts ist kein Almosen, dessen die Interpreten nicht, die Urheber jedoch bedürfen[354], sie erfolgt entweder aufgrund einer im wesentlichen der der Urheber entsprechenden Leistung, oder sie wird aufgrund wesensmäßiger Unterschiede versagt.
Bei der Interpretation wird zwar nur etwas wiedergegeben, was das Werk eines anderen ist[355], doch enthält diese Wiedergabe auch persönliche Elemente des

---

[347] h.M. u.a. *Riedel* S. 13, 185; *Hubmann* S. 40, 251; *Mestmäcker/Schulze* § 3,1; *Fromm/Nordemann* 2 vor § 70; *Samson* S. 86. – A. A.: *Troller* S. 500 ff.; *Hirsch Ballin* UFITA Bd. 18 (1954) S. 323 f. und *ders.* UFITA Bd. 50 (1967) S. 843 ff.; *Heim* S. 85 ff.
[348] *Girth* S. 48.
[349] *Schulze* S. 11.
[350] *Wippermann* S. 20.
[351] *Ulmer* S. 320.
[352] *Schulze* S. 33.
[353] *Fromm/Nordemann* 3 vor § 70.
[354] Abgesehen sei dabei von der in der Sache zweifelhaften Verallgemeinerung.
[355] Die Möglichkeiten der Wiedergabe eigener Werke bzw. des Zusammentreffens von Schöpfung und Wiedergabe, z. B. bei der Improvisation, seien der Vollständigkeit halber ebenfalls erwähnt. Die folgenden Überlegungen gelten für sie gleichermaßen.

Künstlers. Außer Werken der bildenden Künste, die der Interpretation nicht bedürfen, ist kein Werk letztlich festgelegt[356]. Den Interpreten bleiben mehr oder weniger Details zur eigenen Gestaltung offen[357]. Den Schritt vom schriftlich festgelegten Werk zum hörbaren oder sichtbaren Werk vollzieht der Künstler[358]. Aufgrund der persönlichen Elemente enthält jede Interpretation also mehr, als in dem wiederzugebenden Werk niedergelegt wurde[359]. Das gleiche Werk wird von verschiedenen Dirigenten, Solisten, Rezitatoren, Schauspielern, Tänzern oder Regisseuren anders dargeboten.

Der Interpret ist deswegen nicht Schöpfer des wiedergegebenen Werks[360], er ist jedoch der Schöpfer seiner Interpretation. An dieser, seinem Werk, steht ihm ein Urheberrecht zu.

Auch die Abhängigkeit von dem wiederzugebenden Werk schließt eine eigene Leistung des Interpreten nicht aus. Zur Begründung der Ablehnung des Urheberschutzes für ausübende Künstler wird gern[361] *Pfitzner* zitiert: „An einem Geschaffenen kann nicht noch einmal der Vorgang des Schaffens bewerkstelligt werden. Der ‚schöpferische Interpret' ist ein Widerspruch in sich selbst."[362] Berücksichtigt wird dabei nicht, daß „Schöpfung" in diesem Zusammenhang nicht im urheberrechtlichen Sinne verstanden werden darf[363]. Nicht möglich wären dann nämlich Bearbeitungen, Schöpfungen an einem Geschaffenen, wie die Instrumentierung eines Musikwerks oder die Erstellung eines Klavierauszugs. Wiedergaben eines Werks mit Veränderungen, wie Ton-, Wort- oder Schrittänderungen, Kürzungen, Auslassungen oder Improvisationen werden auch nach geltendem Recht als Bearbeitungen angesehen[363a]. Bearbeitungen sind jedoch

---

356 Vgl. dazu *Strawinsky*, S. 236: „Wie peinlich genau auch eine Musik aufgeschrieben sein mag und wie sehr sie auch durch Anweisung der Tempi, Schattierungen, Bindungen, Betonungen etc. gegen jede Zweideutigkeit geschützt sein mag, sie enthält immer geheime Elemente, die sich der eindeutigen Fixierung widersetzen; denn die sprachliche Dialektik ist unfähig, die musikalische Dialektik ganz zu erklären."

357 *Heim* S. 86; *Troller* S. 500 ff. und *ders.*, Holzweg S. 69.

358 *Troller* a. a. O. Vgl. für die Interpretation von Musikwerken *Fischer*, Mitteilungen 1960, 146: „Zwischen Notation und Klang vermittelt der Interpret, der den vom Komponisten zwar intendierten, aber doch noch mehr oder weniger unbestimmten Raum auszufüllen hat, damit das Werk vom Hörer aufgenommen und vor allem verstanden werden kann."

359 *Troller* S. 501.

360 *Schulzes* Einwand (S. 11).

361 So von *Schulze* S. 14, *Overath* S. 44, *Ulmer* S. 141, *Bussmann/Pietzcker/Kleine* S. 472.

362 *Pfitzner*, Werk und Wiedergabe, Gesammelte Schriften Band 3, S. 20 f.

363 *Pfitzner* unterscheidet auch zwischen „Schöpfung" und „Änderung" (S. 22), fordert die Ausführung aller Vorschriften des Schöpfers (S. 123) und läßt lediglich Änderungen „zugunsten des Werks" zu (S. 15 ff.). Es handelt sich demnach um die Aufforderung zu höchster Werktreue, die unter Umständen auch bei Abgehen von der Aufzeichnung des Werks gegeben sein soll (vgl. S. 16, 102 ff.). Änderungen und Bearbeitungen selbst durch den Urheber des Werks sind nach *Pfitzner* keine Schöpfungen (S. 345). Für die urheberrechtliche Diskussion ist das aus dem Zusammenhang gerissene Zitat also unbrauchbar. Ähnlich *v. Foerster* S. 66.

363a Derartigen, nach geltendem Recht urheberrechtlich geschützten Leistungen will *Schmieder* (UFITA Bd. 73 (1975) S. 77) nur ein (allerdings mit Rücksicht auf die internationalen Konventionen mindestens 50jähriges) Verwandtes Schutzrecht zubilligen.

auch die sogenannten „werktreuen Interpretationen" sowie lediglich im Vortrag persönlich gefärbte Wiedergaben.
Werktreue bedeutet in den meisten Fällen lediglich noten- bzw. wortgetreue Wiedergabe des Urtextes. Aber auch wenn die Vortragszeichen und Ausführungsanweisungen des Komponisten[364] bezüglich des Tempos, der Dynamik oder der Phrasierungen vom Interpreten peinlich genau befolgt werden, enthält die Wiedergabe noch persönliche Elemente des Künstlers. Derartige Elemente sind etwa die Anschlagskultur des Pianisten, die Tonbildung eines Streichers oder Bläsers oder die Stimmfarbe eines Sängers. Schon bei schlichter, ausdrucksloser Ausführung einer Tonleiter lassen sich z. B. die Stimmen der *Callas* und der *Berger* oder eines *Pavarotti* und *Wunderlich* unterscheiden.
Ist schon eine reine, werkgetreue Wiedergabe persönlich gefärbt, wird der Anteil des Interpreten an dem dargebotenen Werk größer, wenn dieses Freiräume[365] läßt, d. h. die Wiedergabe nicht bis ins letzte vorgeschrieben ist[366], oder wenn der Künstler von Ausführungsanweisungen des Komponisten abweicht[367].
Nach dem geltenden Recht werden Abweichungen im Tempo, der Phrasierung oder der Dynamik als Änderungen, also als unterhalb der unteren Grenze für Urheberschutz liegende sonstige Umgestaltungen im Sinne des § 23 UrhG angesehen[368]. Mit dem Verzicht auf eine Schutzgrenze werden diese Änderungen bzw. Umgestaltungen Bearbeitungen gleichgestellt. Auch geringfügige Änderungen des vorgeschriebenen Tempos, der Dynamik, aber auch im Bereich der Melodie, Harmonie oder des Rhythmus[369] sind als Bearbeitungen des wiedergegebenen Werks urheberrechtlich geschützt.

---

[364] Im folgenden werden vorwiegend Beispiele aus der Musik genannt, da in diesem Bereich die Interpretation mehr berücksichtigt und festgelegt wird als etwa in der Literatur, bei deren Wiedergabe der Künstler bezüglich der Betonung oder Sprechgeschwindigkeit wesentlich freier ist. Ein Beispiel aus der Literatur für Interpretationsanweisungen durch Schreibweise, Tempoangaben und sonstige Erläuterungen bietet die „Ursonate" von *Kurt Schwitters* (S. 214, 313).

[365] Wie beim Generalbaß, vgl. dazu *Kummer* S. 155: „Die genau gleiche Folge von Generalbaßakkorden kann in einem Fall bloß Interpretation, im anderen dagegen Werk sein, je nachdem, ob sie ‚vorgespielt' oder ‚vorgedruckt' wird. Das mag wenig befriedigen, ist aber wohl unvermeidlich."

[366] Auch bei Annahme eines einzig richtigen, sich aus der Musik ergebenden Tempos (vgl. *Strawinsky* S. 263 sowie die Forschungsergebnisse *Clynes'* in DER SPIEGEL Heft 35/1974 S. 113) sind geringe Abweichungen unvermeidlich.

[367] Vgl. hierzu OLG Frankfurt UFITA Bd. 77 (1976) S. 267 (274), GRUR 1976, 199 (201) „Götterdämmerung" (mit zustimmender Anmerkung von *Samson* GRUR 1976, 191 f.), wonach das Verlassen der Regieanweisungen und die Veränderung der Handlungsabläufe durch den Regisseur das Werk *Wagners* nicht in schöpferischer Weise umgestaltet haben. Die von ihm beabsichtigte „strukturalistische" Interpretation stellte lediglich „die Erfüllung der ihm gestellten eigentlichen Aufgabe, aber keine Bearbeitung" dar (*Samson* a. a. O. S. 192). Ein Bearbeiterurheberrecht des Regisseurs scheint danach nur dann möglich zu sein, wenn er seine Aufgabe verfehlt.

[368] Ausführlich dazu *Riedel* S. 162, 167, 173.

[369] in dem die Abgrenzung zwischen bloßer Änderung und Bearbeitung immer Schwierigkeiten bereitete (siehe *Riedel* S. 170 ff.).

Es ist schließlich auch nicht einzusehen, warum Veränderungen der Instrumentation, der Harmonie oder der Melodie schutzfähig sein sollen, Abweichungen von (ebenfalls vorgeschriebenen) Anweisungen über Lautstärke oder Phrasierung dagegen ungeschützt bleiben. Alle Angaben der Komponisten über Tonhöhe, Tempo, Dynamik, Rhythmus usw. wie die der Dramatiker über den zu sprechenden Text, das Bühnenbild, Auf- und Abgänge bilden eine Gesamtheit. Jede Abweichung von einer einzelnen Angabe ist eine Veränderung des Werks[370]. Diese Veränderung kann mehr oder weniger gravierend sein. Eine Unterscheidung in ungeschützte Änderung und geschützte Bearbeitung ist nach dem neuen Werkbegriff nicht mehr nötig. Nicht eindeutige und damit willkürliche Abgrenzungen werden vermieden.

Trotz des urheberrechtlichen Schutzes der Interpretation besteht nicht die Gefahr, die ausführenden Künste würden dadurch in ihrer Entwicklung gehemmt[371]. Der ureigene persönliche Anteil des Interpreten, etwa seine Stimmfarbe, kann ohnehin nicht nachgeahmt werden. Bei geringfügigen Abweichungen von den Vortragszeichen ist ebenfalls nicht die Möglichkeit abhängiger Nachschöpfungen gegeben, da diese unabhängig von einer Vorlage, einer bestimmten Interpretation, von jedem Künstler vorgenommen werden können.

Theoretisch denkbar ist lediglich, eine besonders individuelle Interpretation zu plagiieren, wobei weniger Darbietungen von Musikstücken oder Rezitationen von Gedichten als vielmehr komplexe Darstellungen, wie Inszenierungen von Theaterstücken oder Opern in Betracht kommen. Praktisch wird jedoch jeder Interpret, ob Dirigent, Pianist, Sänger, Tänzer oder Regisseur versuchen, je nach seiner künstlerischen Einstellung entweder eine möglichst werktreue, also unpersönliche Wiedergabe des Werks oder eine originelle, sehr persönliche Interpretation darzubieten.

Der Schutz an der Interpretation beschränkt sich deshalb im wesentlichen auf diese selbst. Der künstlerische Wert spielt dabei keine Rolle.

Die Parodie als denkbare Nachahmung der Interpretation anderer Künstler bezieht sich in der Regel nicht auf eine bestimmte Interpretation eines Werkes, sondern auf eine Manier des Interpreten. Ebenso wie eine Kompositionstechnik oder ein Malstil frei benutzt werden können, weil sie urheberrechtlich nicht geschützt sind[372], können auch die Art der Deklamation, die durch Dialekt gefärbte Sprechweise, der Vortragsstil eines Sängers (Schluchzen, parlando), aber auch eine Manier wie die der Cellistin *Mooreman*, barbusig zu spielen, nachgeahmt werden. In diesem Bereich greift der Urheberschutz an der Interpretation nicht ein.

---

370 Dies ist der Kern der *Pfitzner*schen Abhandlung. Zur höchsten Werktreue zählt die Beachtung aller Angaben. S. 102: „. . . die szenischen und anderen Anweisungen aller Art, bei Musik Tempo- und Stärkebezeichnungen, (gehören) genauso zum ‚Werk' . . . ; . . . ein Abgehen von ihnen (bedeutet) genauso eine Änderung des Werks wie ein solches von den Noten und geprägten Textworten."

371 *Ulmer* S. 320.

372 Siehe oben Fn 31.

Wie schon im Bereich bisher ungeschützter, weil angeblich nicht schutzwürdiger Kunstwerke wird durch den Verzicht auf eine Schutzgrenze eine Benachteiligung aufgrund einer willkürlichen Einstufung vermieden. Der Schutzbereich wird vergrößert, ohne daß dadurch andere in ihrer künstlerischen Betätigung und Entwicklung gehemmt werden.

b) Lichtbilder

Benachteiligt durch die gesetzliche Regelung sind auch die Fotografen. Aufgrund der Erkenntnis, daß eine Abgrenzung zwischen Lichtbildwerken (§ 2 Abs. 1 Nr. 5 UG) und Lichtbildern (§ 72 UG), die keine persönlichen geistigen Schöpfungen sind, praktisch nicht möglich ist, wird, um dieser Schwierigkeit zu entgehen[373], beiden Formen nur ein 25jähriger Schutz zugebilligt[374]. Anstatt die richtige Konsequenz aus der Unmöglichkeit der Abgrenzung zu ziehen, nämlich die Trennung aufzugeben und beide Formen urheberrechtlich zu schützen, versagt man den Urhebern jener Lichtbilder, die Werke im Sinne des § 2 Abs. 2 UG sind, wie unzweifelhaft etwa die Werke der „Generativen Fotografie", den vollen Urheberschutz. Diese Lösung wird auch von Vertretern der herrschenden Meinung als bedenklich angesehen[375].

Für den urheberrechtlichen Schutz an einer Fotografie etwa des Matterhorns oder der Kirche Sacre Coeur, von der Place du Tertre aus gesehen, ist nicht entscheidend, ob sie von einem anerkannten Fotografen mit einer teuren Kamera oder von einem Touristen mit einer Box aufgenommen wird. Auch wenn an diesen Bildern ein Urheberrecht besteht, dürfen andere aus derselben Perspektive den Berg oder die Kirche fotografieren. Derartige Aufnahmen werden selbständig, unabhängig von Vorlagen gemacht, können also von dem Recht an einem Bild mit demselben Motiv nicht erfaßt werden.

Abhängige Nachschöpfungen sind nur bei besonders gestalteten Fotografien möglich, die, etwa durch Beleuchtungseffekte, besondere Entwicklungsverfahren oder die Wahl einer ausgefallenen Perspektive individuell sind. Bei nicht individuellen Fotos beschränkt sich dagegen der Urheberschutz auf den Schutz am einzelnen Bild.

---

373 Begründung S. 37 = UFITA Bd. 45 (1965) S. 251; *Möhring/Nicolini* § 2,7 f.; *Fromm/Nordemann* § 2,14.

374 §§ 72 Abs. 1, 68 UG.

375 *Fromm/Nordemann* (§ 68,3) äußern Bedenken bezgl. der Verfassungsmäßigkeit von § 68 UG; ähnlich *v. Gamm* UR § 68,4. Dagegen *Möhring/Nicolini* § 68,1 c. Weitere Bedenken bei *Gerstenberg* § 68 und *Riedel* § 68 A. *Gerstenberg* hat darüber hinaus eine Verlängerung der Schutzdauer auf 50 Jahre für einfache Lichtbilder sowie die Gleichstellung von Lichtbildern mit dokumentarischem Charakter mit den künstlerischen Lichtbildwerken vorgeschlagen (GRUR 1976, 131, 135). Die Abgrenzungsschwierigkeit wird dadurch jedoch nicht vermieden.

Ihre Überlegenheit gegenüber mit Kriterien arbeitenden Theorien zeigt die vorgeschlagene Lösung insbesondere im Bereich derjenigen Lichtbilder, die mit geringer oder ohne Aufnahmetechnik aufgenommene einmalige, seltene oder sonstwie außergewöhnliche Erscheinungen zeigen, die lediglich aufgrund der zu ihrer Entstehung aufgebrachten Leistung oder auf Grund einer Zufälligkeit von Bedeutung sind.
Beispiele dafür sind während eines Raumflugs, bei der Besteigung des Mt. Everest oder wissenschaftliche, mit Mikroskopen oder mit Hilfe von Strahlen aufgenommene Bilder sowie Aufnahmen von Attentaten, Brückeneinstürzen oder Vulkanausbrüchen. Nicht die künstlerische Leistung, sondern die körperliche, technische oder wissenschaftliche Leistung bzw. das zufällige Festhalten eines Ereignisses bestimmen den Wert dieser Fotografien[376].
Kummer, von dem auch einige der Beispiele stammen, hält die Fotografie für etwas Besonderes, sie füge sich den urheberrechtlichen, über den Schutz bestimmenden Merkmalen nicht. Dem müsse positivrechtlich Rechnung getragen werden[377]. Er nimmt also lieber eine unsystematische Ausnahmeregelung in Kauf, anstatt von seinem Kriterium der Individualität abzulassen. Nach seiner Darstellung liegt der Verzicht auf ein Kriterium, der Schutz aller Fotografien, zwar nahe, wird jedoch nicht durchgeführt[378].
Auch *Heim*, ebenfalls ein Vertreter der Individualitätstheorie, nähert sich der hier vertretenen Ansicht, muß dabei jedoch den Begriff der Individualität aushöhlen[379].

---

[376] Dagegen spricht nicht, daß derartige Aufnahmen auch von hohem ästhetischen Reiz sein können, vgl. z. B. die rasterelektronenmikroskopischen Aufnahmen roter Blutkörperchen in *Bessis:* Corpuscles, Berlin/New York 1974.

[377] Helfen könnte zwar (S. 209) „eine erweiterte Individualität, die sich nicht nur auf den Bildinhalt beschränkte, sondern auch die Umstände der Bildaufnahme einschlösse, was nichts anderes hieße, als die aufgewendete Arbeit oder die ‚Einmaligkeit' der Aufnahmetat in Rechnung zu stellen und zu belohnen. Und das Rechtsgefühl drängt in der Tat deutlich in dieser Richtung. Wenn nun aber ein Satz im Urheberrecht unbestritten ist, dann der, daß nichts darauf ankommt, wieviel Schweiß und Geld, wieviel Geduld und Zufall die Geburt des Werks gekostet hat."

[378] S. 208: „Keine Seltenheit sind Bilder, die sich durch nichts hervortun, aber gerade deswegen dem, der ‚sieht', größten Reiz bieten; ehrlich und nüchtern, prosaisch, vielleicht auch unbeholfen, erreichen sie eine Eindringlichkeit, die einer mit allen Kniffen zu Effekt gebrachten Fotografie zumindest nicht nachsteht. Und ganz ebenso kann die ‚exakteste Technik', die weitestmögliche Ausschaltung jeder vom Fingerspitzengefühl des Fotografen herrührenden Streuung, ihren Hervorbringungen ‚einen magischen Wert geben, wie ihn für uns ein gemaltes Bild nie mehr besitzen kann' (unter Hinweis auf *W. Benjamin*). An diesen Tatsachen muß zwangsläufig jeder Versuch scheitern, unter Fotografien nur die eine eigenartige Geistesschöpfung darstellenden (will sagen: die individuellen) zu schützen, es sei denn, man erkläre sozusagen alle als individuell; dann aber wird überflüssig, sich hier noch um eine Charakterisierung der Individualität abzumühen." (Sperrung vom Verfasser)

[379] S. 93: „Die Einmaligkeit der mit der Kamera eingefangenen Situation, die sich keinem anderen Photographen wieder so präsentiert, stempelt die Photographie zur Individualität. Von solchen Bildern ist zu sagen, daß sie nicht wieder genau gleich aufgenommen werden können. Muß man sich nun sagen, daß sich eine zweite genaugleiche Aufnahme

Beide erkennen das Problem, wagen nur nicht den endgültigen Schritt, den Verzicht[380].
Bei Anwendung des neuen Werkbegriffs ist jedes Lichtbild, ob von einem Kunstfotografen oder einem Gelegenheitsknipser aufgenommen, urheberrechtlich geschützt. Ein Schutz gegen abhängige Nachschöpfungen besteht nur bei individuellen Aufnahmen. Im übrigen steht es jedem frei, auf den Mt. Everest zu steigen und dort zu fotografieren oder ein Attentat oder einen Vulkanausbruch aufzunehmen. Verzichtet man darauf oder fehlt die Gelegenheit, muß man auf die urheberrechtlich geschützten Bilder zurückgreifen. Die Urheber dieser Fotografien genießen so den verdienten Schutz, ohne daß die Interessen der Allgemeinheit beeinträchtigt werden und ohne daß eine Ausnahmeregelung geschaffen werden muß.
Entsprechend werden Laufbilder (§ 95 UG), die nach geltendem Recht keine Werke im Sinne des § 2 Abs. 2 UG sind[381], wie Filmwerke urheberrechtlich geschützt, so daß nur noch der Oberbegriff „Filme" anzuwenden ist[382].

c) Leistungen von Wissenschaftlern und Herausgebern

Auch die Leistungen der Herausgeber wissenschaftlicher oder nachgelassener Werke, denen Schutz gemäß den §§ 70, 71 UG gewährt wird, sind auf Grund des neuen Werkbegriffs anders zu beurteilen.
Urheberrechtlich geschützt sind nach dem geltenden Recht wissenschaftliche Ausgaben nur, wenn sie Bearbeitungen, also persönliche geistige Schöpfungen sind. Erbringt der Wissenschaftler keine schöpferische Leistung, wie etwa bei absolut werktreuer Herausgabe, wird ihm nur ein Leistungsschutzrecht zugebilligt. Schwierig ist dabei, exakt zwischen einer Bearbeitung im Sinne des § 3 UG und einem Ergebnis wissenschaftlich sichtender Tätigkeit gemäß § 70 Abs. 1 UG abzugrenzen, da schon geringfügige Ergänzungen oder sonstige Veränderungen Bearbeitungen sein können[383], sowie festzustellen, daß wissenschaftlich gearbeitet wurde.
Vermieden wird dies durch den neuen Werkbegriff, nach dem jede persönliche Beteiligung und Einwirkung auf ein Werk urheberrechtlich geschützt wird. Jede

---

nicht mehr bewerkstelligen läßt, dann ist sie einmalig. Eine derartige Aufnahme ist also in dem Sinne individuell, als sie nicht mehr zu wiederholen ist. Auch dokumentarische Aufnahmen würden so den urheberrechtlichen Schutz genießen. Überhaupt würden bei einer derart verstandenen Individualität sehr viele Bilder vom Urheberrechtsschutz erfaßt."

380 Bezeichnend *Heims* Schlußfrage (S. 93): „Ob wohl eine derart aufgefaßte Individualität Zustimmung findet?"

381 Siehe zur Abgrenzung Film–Filmwerk–Laufbilder *Fromm/Nordemann* 1 vor § 88.

382 Vgl. zur Ausnahme bezgl. § 92 UG in § 95 UG, die ohnehin ohne praktische Bedeutung ist, *Fromm/Nordemann* § 95,5.

383 Beispiele bei *Fromm/Nordemann* § 70,3.

Herausgabe ist als Bearbeitung anzusehen, wobei der persönliche Anteil des Herausgebers mehr oder weniger groß sein kann. Auf die Wissenschaftlichkeit kommt es dabei nicht an.
Die absolut werktreue Herausgabe hindert niemanden, das Original, das zum Gemeingut gehört, selbst herauszugeben, wobei sich die Ausgaben auch nicht wesentlich unterscheiden müssen[384]. An **seiner** Ausgabe besitzt der Herausgeber jedoch das alleinige Verwertungsrecht. Enthält diese aufgrund von Ergänzungen usw. einen persönlichen Anteil, besteht darüberhinaus auch Schutz gegenüber abhängigen Nachschöpfungen.
Gleiches gilt für Ausgaben nachgelassener, nicht mehr oder niemals geschützter Werke. Diese Werke gehören zum Gemeingut, so daß sie von jedem herausgegeben werden können. Der Schutz über die Rechte an der einzelnen Ausgabe hinaus, insbesondere gegenüber unabhängig, lediglich auf das gemeinfreie Original bezogene Verwertungen, wie er nach § 71 UG gewährt wird, erscheint im Verhältnis zur Leistung des Herausgebers, aber auch unter Berücksichtigung der Interessen anderer als zu weitgehend.
Der Herausgeber ist ausreichend geschützt, wenn ihm die vollen Urheberrechte bezüglich seiner Ausgabe zustehen. Eine Nutzung des (gemeinfreien) Originals auch unter Verwendung von unabhängig von der geschützten Ausgabe erstellten Vervielfältigungsstücken des Werks kann von seinem Recht nicht berührt werden[385].

d) Unternehmerleistung

Nicht urheberrechtsfähig sind reine Unternehmerleistungen, die sich darin erschöpfen, Kapital und Instrumentarium zur Verfügung zu stellen. Urheberrechtlicher Schutz kommt nur in Betracht in Fällen einer persönlichen Beteiligung am Werk[386].
Die Möglichkeit einer derartigen Beteiligung und Einwirkung besteht auch bei der Herstellung von Tonträgern. Jede Aufnahme verändert die Wiedergabe des Werks und damit auch das Werk selbst. Dies gilt nicht nur bei Anwendung besonderer Techniken wie z. B. Hall, sondern auch für schlichte Aufnahmen, in denen jedoch notwendigerweise verschiedene Stimmen ausbalanciert oder der Klang reguliert werden müssen. Derartige Einwirkungen auf das aufzunehmende Werk sind als Bearbeitungen anzusehen.
Das Urheberrecht steht jedoch nur demjenigen zu, der die Aufnahme und damit die Veränderung vornimmt, etwa dem Toningenieur. Demgegenüber ist der Auf-

---

[384] Schutzvoraussetzung nach geltendem Recht (§ 70 Abs. 1 a. E. UG).
[385] Die Möglichkeit, ein gemeinfreies Volkslied zu singen (siehe das Beispiel bei *Fromm/ Nordemann* § 71,3), muß unabhängig von einer schriftlichen Fixierung bestehen. Das Urheberrecht kann erst eingreifen, wenn eine fremde Ausgabe zugrunde gelegt wird.
[386] die am Werk jedoch nicht erkennbar sein muß.

wand an technischen und wirtschaftlichen Mitteln für das Urheberrecht ohne Bedeutung. Es ist unerheblich, wem das Klavier, auf dem der Pianist spielt, die Fotokamera, mit der Aufnahmen gemacht werden, oder die Geräte, mit denen Tonträger hergestellt werden, gehören.
Für Leistungen der Hersteller von Tonträgern, Sendeunternehmen und Filmhersteller[387] kommt nur Leistungsschutz in Betracht, so daß sich im Bereich der unternehmerischen Leistung durch den neuen Werkbegriff keine Änderung ergibt.

e) Zusammenfassung

Auf Grund des Verzichts auf eine Schutzgrenze ist ein Teil der Leistungen, die nach geltendem Recht lediglich Leistungsschutz genießen, als urheberrechtlich geschützte Werke bzw. Bearbeitungen anzusehen. Wissenschaftliche sowie Ausgaben nachgelassener Werke, Interpretationen sind als Bearbeitungen nach § 3 UG, Lichtbilder nach § 2 Abs. 1 Nr. 5 UG geschützt. Die diesbezüglichen Vorschriften des zweiten Teils des UG sind insofern zu streichen bzw, zu ändern. Keine Änderung tritt ein im Schutz der Leistungen ohne persönlichen Bezug zu einem Werk.

5. Ready-mades

Urheberrechtlich einzuordnen sind noch die zu Kunstwerken erklärten vorgefundenen Gegenstände, die sogenannten ready-mades, denen lediglich *Kummer* mit Hilfe seiner Präsentationstheorie Urheberrechtsschutz zubilligt. Er setzt dabei jedoch voraus, daß sie individuell, d. h. statistisch einmalig sind. Nach Ablehnung sowohl der Individualitäts- wie der Präsentationstheorie[388] ist zu prüfen, ob diesen Gegenständen bei Zugrundelegung des neuen, vorgeschlagenen Werkbegriffs Schutz gewährt werden muß.
Zu unterscheiden ist zwischen der Präsentierung in der Natur vorgefundener Gegenstände wie Wurzeln, Steine usw. und der Erklärung fabrikmäßig hergestellter Gegenstände zu Kunstwerken. Der letztere Fall ist insofern von besonderer Bedeutung, als an dem Flaschentrockner, der Coca-Cola-Flasche oder der Campbell-Suppendose schon (infolge des Wegfalls der Schutzgrenze) ein Ur-

---

[387] Auf die zum Teil bedenklichen Regelungen des dritten Teils des UG, insbesondere bezüglich der Rechte des Filmherstellers, sei, da sie nicht in direktem Zusammenhang mit der Abgrenzung Leistungs-/Urheberrechtsschutz stehen, an dieser Stelle nicht eingegangen; vgl. dazu etwa *Fromm/Nordemann* 4 vor § 88. Eine Änderung tritt in diesem Bereich insofern ein, als alle Filmschaffenden (zum Begriff vgl. *Hubmann* S. 236; *Holland* S. 15) als Urheber, Miturheber oder Bearbeiter angesehen werden müssen, Vorschriften wie §§ 91, 92 UG also keine Anwendung mehr finden.

[388] Siehe oben II 3 a. dd

heberrecht besteht. Fraglich ist, ob neben diesem Recht noch weitere Rechte präsentierender Künstler an den Gegenständen entstehen können. Das Ergebnis läßt sich dann auf den einfacheren Fall der Präsentierung natürlicher, d. h. nicht mit einem Urheberrecht behafteter Gegenstände übertragen.

Die Erklärung zum Kunstwerk ist eine Handlung des Künstlers in Bezug auf einen Gegenstand, urheberrechtlich gesehen auf ein Werk. Wie schon anhand der wissenschaftlichen Ausgaben und der Herausgabe gemeinfreier Werke dargestellt wurde, ist jede persönliche Einwirkung als Bearbeitung anzusehen. Der Grad der Veränderung sowie ihre Individualität sollen dabei keine Rolle spielen. Während in den genannten Fällen vom Herausgeber jedoch zumindest noch eine geringe Herausgabeleistung erbracht wird, die auch auf das Äußere Einfluß hat und am herausgegebenen Werk sichtbar wird, beschränkt sich der Anteil des Künstlers beim ready-made auf die bloße Erklärung, ohne daß sich die äußere Erscheinung des Gegenstandes im geringsten verändert.

Obwohl eine äußerliche Einwirkung unterbleibt, tritt dennoch eine Veränderung des Gegenstandes ein. Er wird durch die Präsentation als Kunstwerk aus seinem Verweisungs- und Sinnzusammenhang gerissen, verfremdet, zu etwas anderem verwendet, als wozu er eigentlich bestimmt ist[389]. Dabei wird er mit der Würde eines Bedeutungsträgers ausgestattet und vieldeutig gemacht[390]. Statt der Nutz- und Gebrauchswirklichkeit treten andere Wirklichkeitsschichten hervor[391]. Der Flaschentrockner oder die Suppendose im Geschäft sind (obwohl äußerlich gleich) andere als die im Museum[392]. Jeder Gegenstand wird also von seinem Umraum neu bestimmt[393]. Ein äußerlicher Akt der Bearbeitung ist nicht notwendig. Schon dadurch, daß ein Künstler es aussucht und dazu erwählt, kann ein Massenprodukt zum Kunstwerk emporgehoben werden[394]. Bei gleichbleibender äußerer Form erhält der Gegenstand eine neue Bedeutung.

---

389 *Nadeau* S. 170.

390 *Hofmann* S. 410.

391 *Hofmann* S. 340, 445: „In den ready-mades von *Marcel Duchamp* wird aus dem Sachinhalt, der bisher das Konkrete am Kunstwerk war, ein hintergründiges, vielsagendes Zeichen, ein Emblem, das sich nicht in seiner materiellen, gebrauchszweckhaften Tatsächlichkeit erschöpft – . . . ein Symbol, in dem ‚ein anderes' erkannt wird."

392 *Hofmann* S. 339: „Der verfremdete Flaschentrockner wird zu einem besonderen Flaschentrockner. Die anderen stehen in Geschäften, er jedoch, von *Duchamp* signiert, steht in Ausstellungen und Museen. Was ihn von den anderen unterscheidet, kann man mit *Walter Benjamin* seine ‚Aura' nennen. Durch die Vereinzelung gibt *Duchamp* dem Gegenstand eine Autorität, die dieser als Massenartikel nicht besaß."

393 *Hofmann* S. 342.

394 *Nadeau* S. 27, 170: „Sofern es überhaupt alltägliche Gegenstände gibt, gehört ein Flaschentrockner gewiß zu den alltäglichsten. Verleihen Sie ihm nun ganz aus Ihrer eigenen Machtfülle einen künstlerischen Wert, indem Sie ihn aus seinem gewohnten Rahmen und Sinnzusammenhang herausreißen! Fordern Sie das Unbewußte aller Leute auf, ihn in seiner Herausgelöstheit anzuschauen und seinen sonstigen Verwendungszweck einmal außer Acht zu lassen! Und Sie werden sehen, schon haben Sie einen befremdlichen Gegenstand, den Katalysator vielfältiger Wünsche, Sehnsüchte, Triebe, Instinkte geschaffen."

Obwohl also auch bei der Präsentation vorgefundener oder vorgefertigter Gegenstände eine Veränderung eintritt, ist dieser Vorgang doch nicht mit Bearbeitungen wie in den Fällen der Herausgabe gemeinfreier Werke gleichzustellen. Gegenstand derartiger Bearbeitungen sind Musik-, Sprach- oder ähnliche Werke, die auch als solche herausgegeben werden. Der Inhalt bleibt dabei gleich, nur die Form ändert sich mehr oder weniger. Von diesem typischen Fall der Bearbeitung unterscheiden sich die ready-mades insofern, als bei ihnen die Form gerade erhalten bleibt, sich dagegen der Inhalt verändert[395].

Als kennzeichnendes Merkmal einer Bearbeitung wird angesehen, daß das Originalwerk, die Vorlage im Wesenskern, in den Grundzügen erhalten und erkennbar bleibt[396]. Der Begriff Wesenskern kann sich dabei nicht auf die Form, die ja im Normalfall der Bearbeitung geändert wird, sondern nur auf den Inhalt der Vorlage beziehen. Erfolgt, wie beim ready-made, eine Inhaltsänderung, bleibt also der Wesenskern nicht erhalten, liegt ein selbständiges Werk, eine freie Benutzung im Sinne des § 24 UG vor. Gegenüber dem neuen, „erklärten" Werk verblassen nämlich die Wesenszüge der Vorlage, treten unter Umständen gar völlig zurück[397].

Eine freie Benutzung wird vom Urheberrecht am benutzten Werk nicht berührt. Weder der Urheber des Flaschentrockners noch Mr. Campbell können die Erklärung ihrer Alltagsgegenstände zu Kunstwerken hindern. Ebenso wie Gemeingut auch von anderen herausgegeben oder sonstwie benutzt werden kann, bleibt auch bei Anerkennung der Schutzfähigkeit von ready-mades die Nutzung gemeinfreier Formen frei. Die Erklärung eines Hühnereis oder des Alphabets zum Kunstwerk ändert nichts an ihrer Zugehörigkeit zum Gemeingut.

Darüberhinaus kann jedermann selbst einen Flaschentrockner oder eine Suppendose zum Kunstwerk erklären. Da Formen ihre Wirklichkeitsschichten in sich tragen, können diese auch von anderen als dem erstmals präsentierenden Künstler sichtbar gemacht werden. Die Bedeutungsinhalte gehören zum Allgemeingut, so daß Nachahmungen das Urheberrecht am ready-made nicht berühren. Eine Urheberrechtsverletzung kommt darüberhinaus in den meisten Fällen, in denen Gegenstände zum Kunstwerk erklärt werden, schon deshalb nicht in Betracht, weil lediglich der Vollzug einer Anweisung vorliegt[398]. Auch in diesem Bereich besteht also lediglich ein Schutz bezüglich des Einzelwerks.

---

[395] Der Fall, daß alte Kunstschätze oder Handschriften von ihrem Entdecker durch die Präsentation zu „eigenen Kunstwerken" erklärt werden (vgl. *Heim* S. 48), ist also nicht unter dem Gesichtspunkt der Schutzfähigkeit von ready-mades, sondern, da eine Inhaltsänderung nicht eintritt, als Fall der Herausgabe gemeinfreier Werke zu entscheiden.

[396] Siehe oben I 1 b, bb und *Fromm/Nordemann* § 24,2.

[397] Die Voraussetzung für freie Benutzung, vgl. BGH UFITA Bd. 30 (1960) S. 197, BGHZ 26, 57 = UFITA Bd. 25 (1958) S. 341; *Ulmer* S. 163.

[398] Vgl. etwa *Nadeau* in Fn 394.

6. Vereinbarkeit mit dem geltenden Recht

Mit dem UG ist der Wegfall der Schutzgrenze aufgrund des Verzichts auf ein Kriterium nicht vereinbar. Zwar läßt sich der vorgeschlagene Werkbegriff unter die Definition des § 2 Abs. 2 UG subsumieren, doch erfordert dies eine andere Auslegung der dort verwendeten Begriffe.

Schöpfung ist dann nur noch etwas Geschaffenes, Geformtes, ohne daß eine Gedankenäußerung oder eine Offenbarung des künstlerischen Willens[399] ihres Schöpfers erkennbar sein muß[400]. Das Merkmal **persönlich** stellt lediglich die Zuordnung des Werks zu einer Person klar[401]. Die Schöpfung muß nicht von der Persönlichkeit des Autors geprägt sein noch seine Handschrift erkennen lassen[402]. Schließlich kann unter einer **geistigen** Schöpfung, betrachtet man nur das Werk und nicht seine Entstehungsweise, schlicht ein die Sinne ansprechendes, ästhetisches Erzeugnis verstanden werden[403].

Angesichts der von Rechtsprechung und Lehre vorgenommenen Festlegung und Einengung des Begriffsinhalts und der daraus entstehenden Schwierigkeit, denselben Worten eine wesentlich andere Bedeutung zu geben, insbesondere jedoch auf Grund der notwendigen Änderungen und Streichungen, wie im Bereich des bisherigen Leistungsschutzes oder in § 3 UG, erscheint es sinnvoller, auf § 2 Abs. 2 UG zu verzichten und es beim Begriff „Werk" zu belassen[404].

---

[399] *Gerstenberg* § 2,17.

[400] Natürlich kann Schöpfung auch anders verstanden werden (vgl. *Schramm,* insbesondere 6. Abschnitt S. 97 ff.), doch gibt schon der Name des Gesetzes einen Anhalt zur Deutung dieses Begriffes. Urheberschaft bezeichnet die schlichte Beziehung eines Werks oder Ereignisses zu einer Person. Bezeichnenderweise wurde immer auf den Begriff der Schöpfung und nicht auf den des Urhebers zurückgegriffen. Grund dafür ist, daß persönliche Wertvorstellungen leichter in den schillernden Begriff einfließen und zum Ausdruck kommen können als dies bei dem vergleichsweise neutralen möglich wäre. Man kann Urheber eines Schabernacks, eines Mordplans oder eines Pamphlets sein; eine Schöpfung hervorzubringen, Schöpfer zu sein, ist nur in einem hohen, erhabenen Bereich möglich. Indem man sich an den Begriff der Schöpfung hielt, konnte die idealistische Kunstauffassung des 19. Jahrhunderts Eingang in die Entscheidungen der Gerichte, die Lehrbücher und schließlich in das Gesetz finden. Vgl. dazu *Oettinger* S. 25 ff. sowie RGZ 113,416: „Die Ausdrucksweise eines Gesetzes wird unzweifelhaft beeinflußt durch die Gedankenwelt der Verfasser. Auch wenn sie darnach trachten, die Vorschriften als möglichst allgemeingültige Regeln zu formen, machen sich mehr oder minder die hauptsächlichen Fälle und Beispiele, die sie bei der Abfassung vor Augen und im Sinne hatten, in der Wortwahl bemerklich."

[401] Siehe auch *Fromm/Nordemann* § 7,2: „Das Urheberrecht am Werk entsteht in der Person des Schöpfers." Vgl. jedoch auch hierzu die von seiner Warte aus verfehlte Parallele zwischen materiellem und immateriellem Eigentum *Tetzners* (JZ 1975, 655).

[402] *Möhring/Nicolini* § 2,10; *Fromm/Nordemann* § 2,5.

[403] Vgl. *Troller* S. 411.

[404] Auch *Riedel* (JR 1957, 366 ff.) lehnt eine Definition des Werkbegriffs ab, da jede Definition eine Einengung der Zukunftsentwicklung bedeuten könne. Die Auslegung des Werkbegriffs müsse der Rechtsprechung überlassen werden. *Gerstenberg* (§ 2,5) (ähnl.

Im internationalen Bereich taucht der Begriff „geistige Schöpfung" lediglich in Zusammenhang mit Sammlungen in Art. 2 RBÜ[405] auf, so daß nur insoweit eine Auslegung wie die oben dargestellte erforderlich ist. Im übrigen wird die nähere Bestimmung des Werkbegriffs den Verbandsstaaten überlassen, so daß also die vorgeschlagene Regelung mit den Bestimmungen der Berner Übereinkunft und des Welturheberrechtsabkommens in Einklang steht.

---

in GRUR 1975, 710) stellt zwar fest: „Gegen die Verwendung überlebter Begriffe in der Rechtsprechung kann nicht laut genug protestiert werden. Wenn eine Definition auf veralteten oder unrichtigen Anschauungen basiert, so muß sie ersetzt werden." Diese Erkenntnis wendet er leider nicht beim Werkbegriff an.

405 Brüsseler Fassung Absatz 3, Stockholmer Fassung Absatz 5.

IV. Ergebnis

Die scheinbar radikale Lösung, auf ein Schutzkriterium für den Urheberrechtsschutz und damit auf eine Schutzgrenze zu verzichten, erweist sich bei näherer Untersuchung nicht als Bruch mit der Entwicklung des Urheberrechts, sondern als konsequente Weiterführung von Versuchen, willkürliche oder sonstwie nachteilige Entscheidungen zu vermeiden und dabei den Urhebern möglichst viel Schutz zu gewähren, ohne jedoch die Interessen der Allgemeinheit zu vernachlässigen.
Schon bei Anwendung des geltenden Werkbegriffs wurde großzügig Urheberschutz gewährt. Der Kreis der Berechtigten vergrößerte sich durch die Einführung neuer Kriterien. Der vorgeschlagene Werkbegriff markiert insofern das Ende dieser Entwicklung. Dabei werden die Interessen der Allgemeinheit und anderer Künstler in vollem Umfang berücksichtigt, Abgrenzungsschwierigkeiten und Unstimmigkeiten vermieden und mehr Leistungen der ihnen gebührende Schutz gewährt.
Die der urheberrechtlichen Entscheidung entsprechende künstlerische Auffassung (Schlagwort: Alles ist Kunst) muß nicht von jedem geteilt werden, doch darf der persönliche Bereich nicht mit dem rechtlichen vermischt werden. In diesem stellt die weitestgehende Auffassung die sauberste und zweckmäßigste Lösung dar.

Anhang

Abbildungsverzeichnis

Abbildungen mit freundlicher Genehmigung der Siemens AG, Erlangen (2), Nina von Jaanson, Berlin (3a, 12), des Kunst- und Museumsvereins Wuppertal (6) sowie des DuMont-Verlages, Köln

1

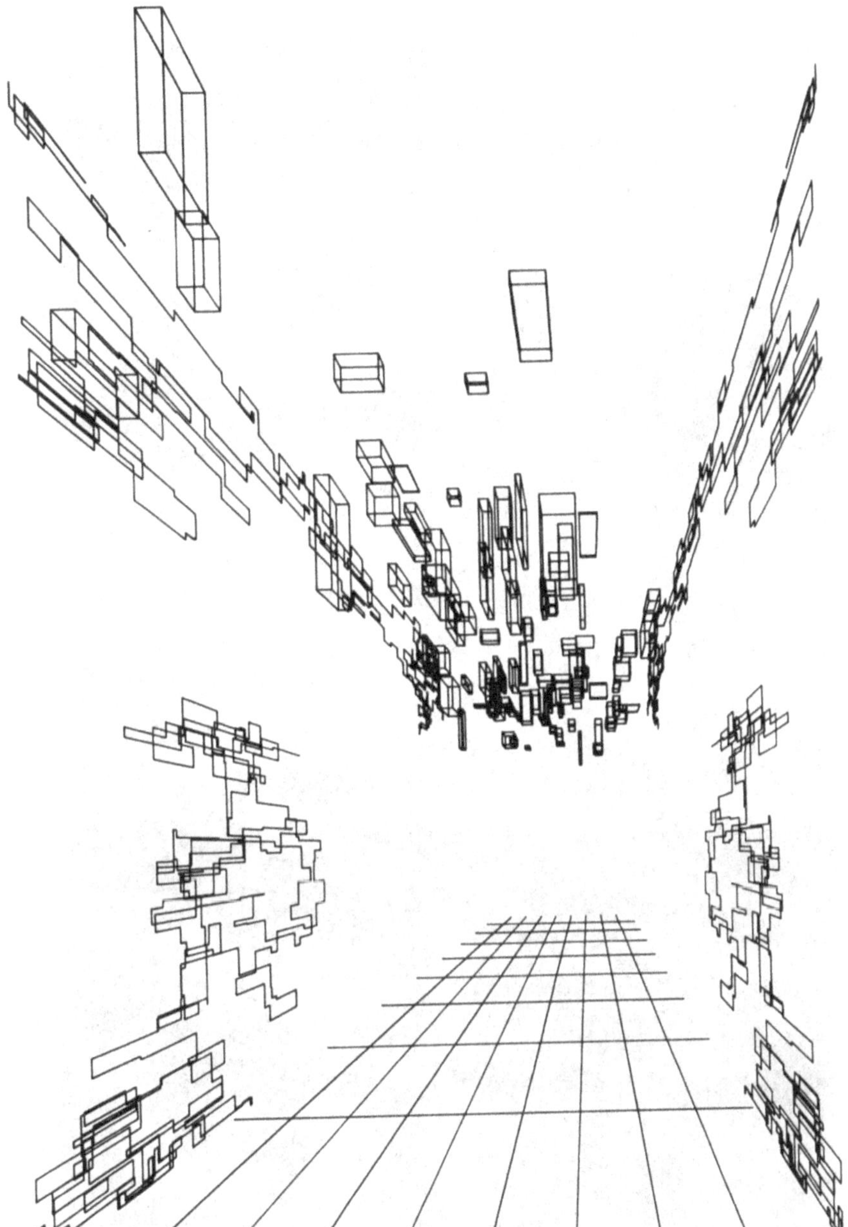

2

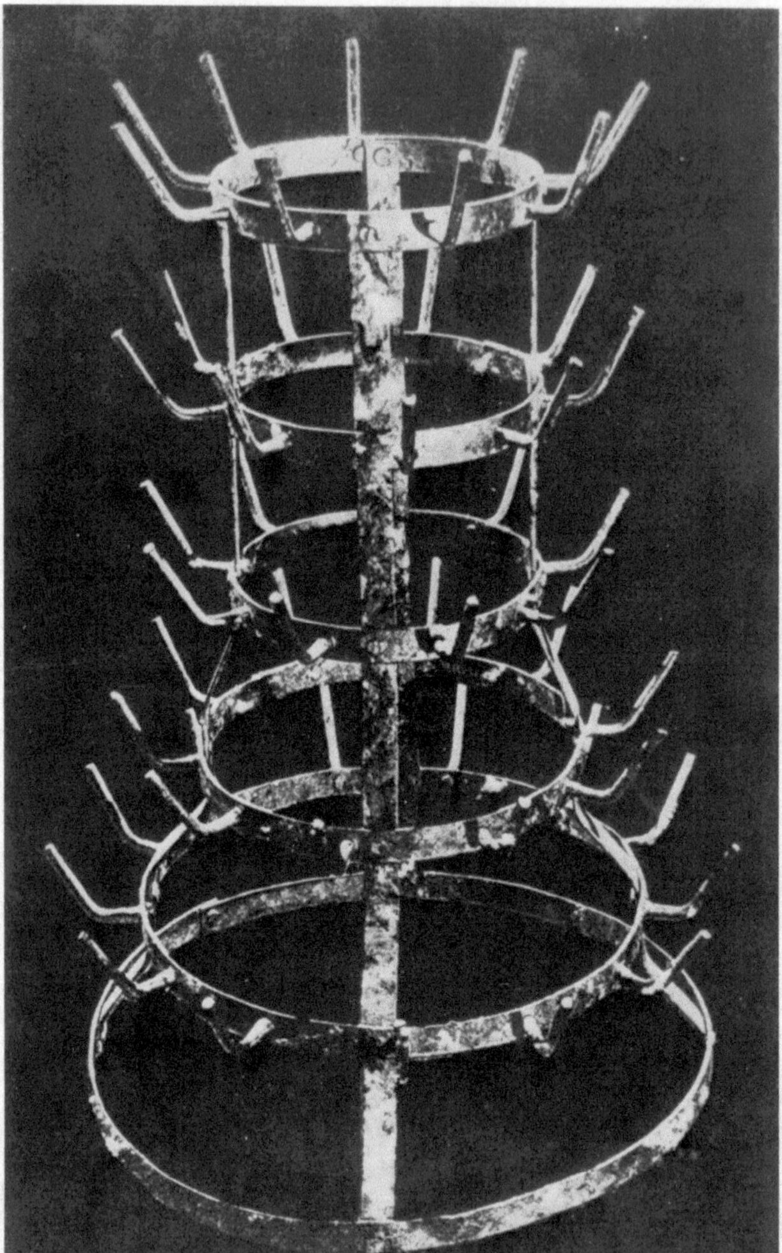

3

4

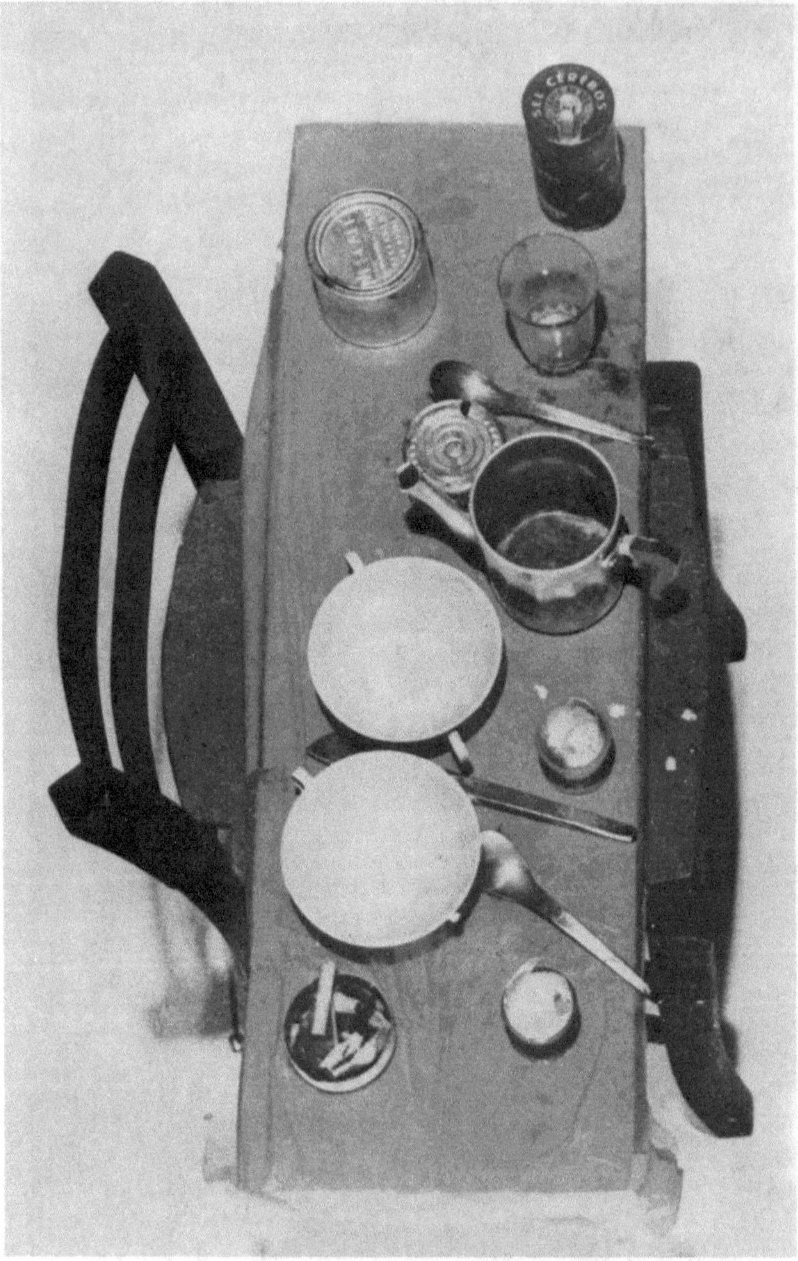

5

9

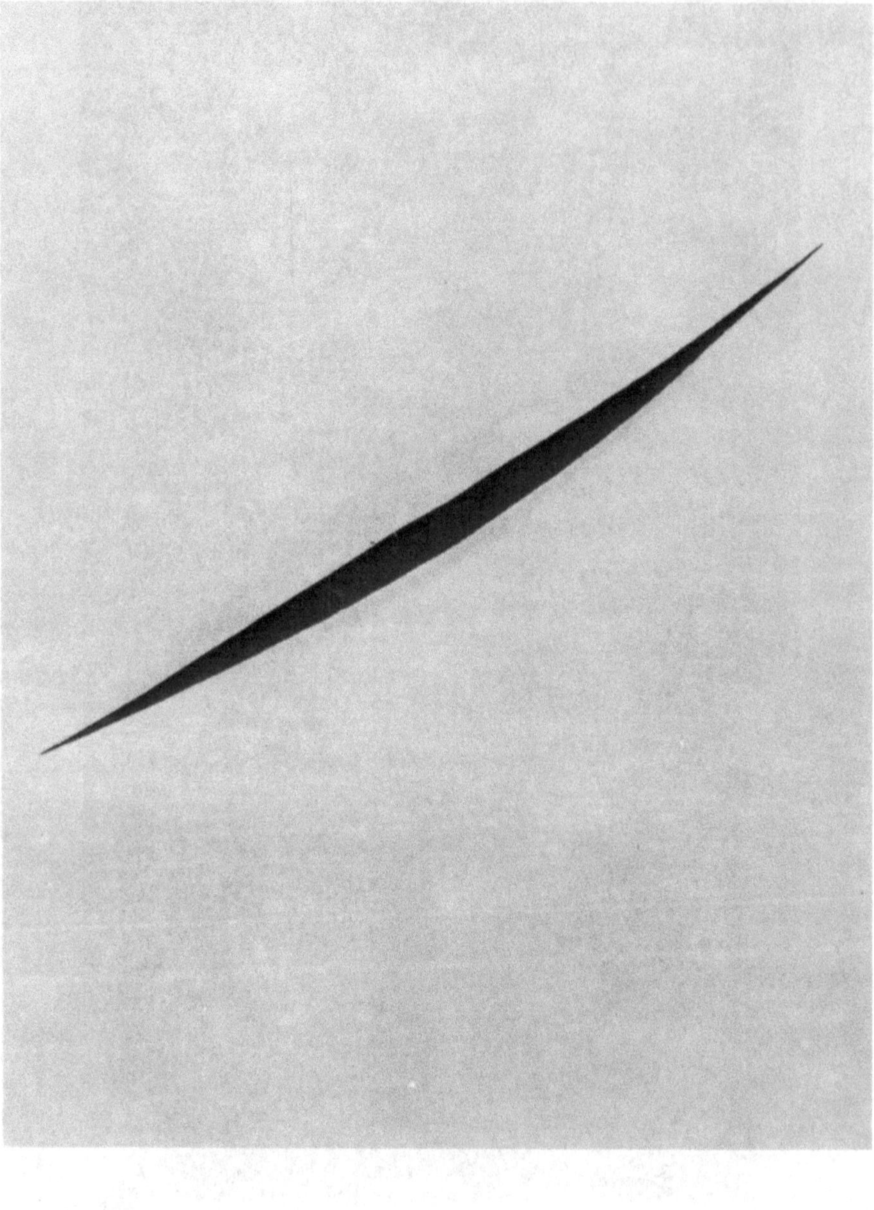

7

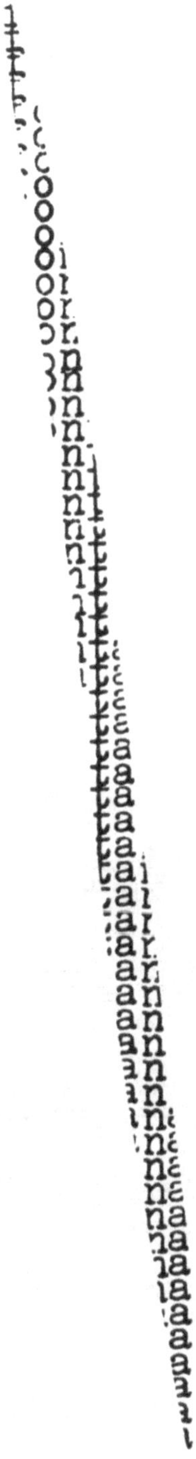

8

G Schirmer, New York
Style No 9—12 Staves with Braces

Gedicht 25
[elementar]

25
25, 25, 26
26, 26, 27
27, 27, 28
28, 28, 29
31, 33, 35, 37, 39
42, 44, 46, 48, 52
53
9, 9, 9
54
8, 8, 8
55
7, 7, 7
56
6, 6, 6
56
6, 6, 6
$^{3}/_{4}$ 6
57
5, 5, 5
$^{2}/_{3}$ 5
58
4, 4, 4
$^{1}/_{2}$ 4
59
4, 4, 4
$^{1}/_{2}$ 4
25
4, 4, 4
$^{1}/_{2}$ 4
4, 4, 4
$^{1}/_{2}$ 4
4, 4
4
4
4

11

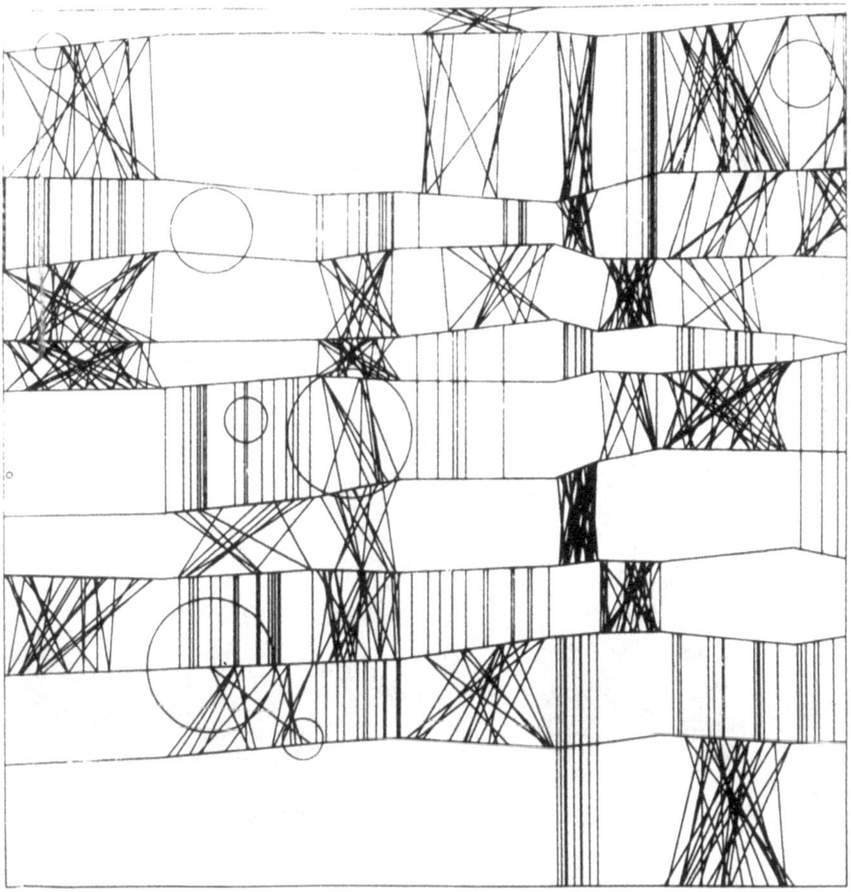

12

80

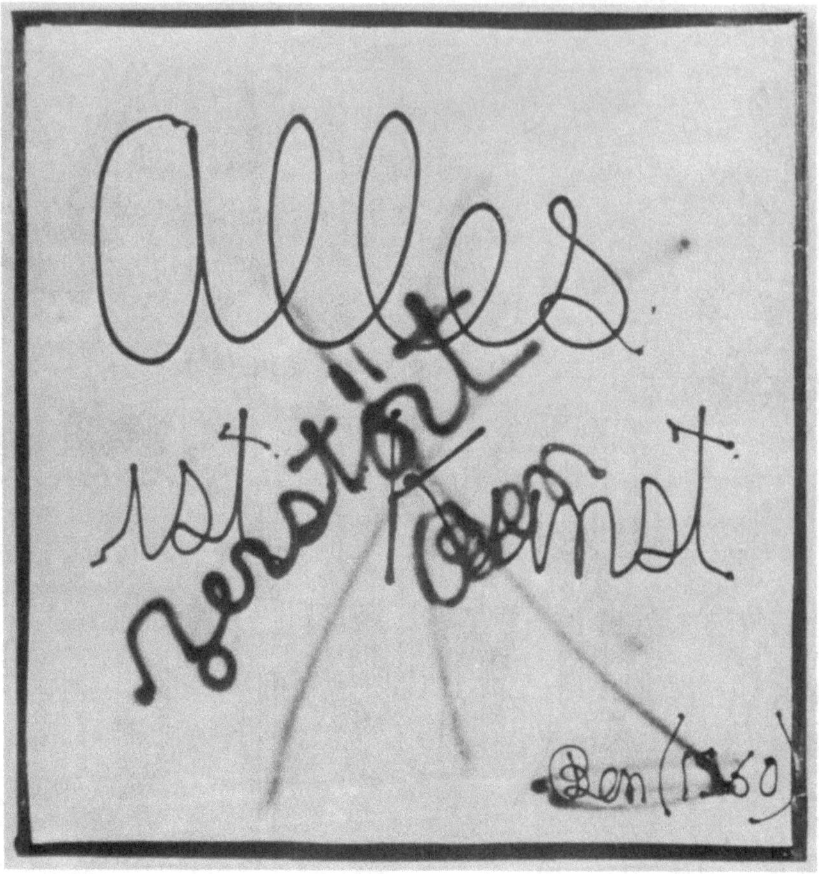

FSC
www.fsc.org
MIX
Papier | Fördert gute Waldnutzung
FSC® C083411

Kolibri 360 GmbH
Ferdinand-Jühlke-Straße 7
99095 Erfurt, Deutschland
produktsicherheit@kolibri360.de